# 楚雄彝族服饰图案艺术文化

杨 淑 著

科 学 出 版 社
北 京

## 内 容 简 介

本书以楚雄彝族服饰的文化精髓为依据，对楚雄彝族服饰的图案进行提炼、分析、归纳和总结，从图案的题材、造型、色彩、工艺、文化渊源和功能性几个方面对楚雄彝族服饰图案进行系统的研究，以期为现代设计提供更多的素材和启示。

本书可供对少数民族文化及少数民族服饰和图案有兴趣的读者，以及致力于研究民族化设计的设计师阅读。


**图书在版编目（CIP）数据**

楚雄彝族服饰图案艺术文化 / 杨淑著 . —北京：科学出版社，2017.11

ISBN 978-7-03-054693-7

Ⅰ. ①楚…　Ⅱ. ① 杨…　Ⅲ. ①彝族–民族服饰–服饰图案–楚雄彝族自治州　Ⅳ. ①TS941.742.8

中国版本图书馆CIP数据核字（2017）第243707号

责任编辑：任俊红　李淑丽　赵云杰 / 责任校对：王萌萌
责任印制：霍　兵 / 封面设计：华路天然工作室

科学出版社 出版
北京东黄城根北街 16 号
邮政编码：100717
http://www.sciencep.com

三河市骏杰印刷有限公司 印刷

科学出版社发行　各地新华书店经销

*

2017 年 11 月第　一　版　开本：720 × 1000　B5
2017 年 11 月第一次印刷　印张：7 1/2
字数：160 000

**定价：75.00 元**

（如有印装质量问题，我社负责调换）

# 前　言

民族服饰作为一种文化符号，是民族文化的载体之一。剖析这一符号，对于我们了解民族的文化心理和精神特征，了解民族的生存方式及历史与文化的变迁等有着重要的意义。

楚雄彝族是一个历史悠久的民族，有着自己浓郁的习俗风尚和古老的民族文化传统，在历史的发展过程中，逐渐形成了充满生机活力的、绚丽多姿的文化景观。楚雄彝族支系众多，服饰明显有别，这些不同支系的服饰通过丰富多彩的款型和样式，反映出其厚重的历史积淀，令人感到弥足珍贵。楚雄彝族服饰美观、大方、优雅、实用，具有强烈的东方艺术风格，是楚雄彝族人民经过上千年的创造和发展而形成的独具风格的民族服饰，有其独特的图案纹样、色彩搭配和制作工艺，体现出楚雄彝族的地域特点和民族风格，具有极高的艺术价值和设计应用价值，为我们提供了丰富、珍贵的设计素材。而楚雄彝族服饰的图案纹样，反映出楚雄彝族人特有的审美意识和民族文化，凝聚了他们的聪明才智，是极具创意和想象力的奇观，是魅力无穷的瑰宝，蕴含着独特的审美意趣和博大的文化意蕴，有着广阔的文化产业开发前景和设计应用前景。

笔者先后四次深入楚雄彝族居住区进行实地考察，并到云南省博物馆、云南民族博物馆、楚雄州博物馆、楚雄州文化馆等处调研，搜集了大量资料，拍摄了大量图片，对历史文献资料进行整理分析，对楚雄彝族服饰图案的特点进行系统的阐述，完成了这本图文并茂的专著，书中的插图均为笔者拍摄或手绘。本书以楚雄彝族服饰的文化精髓为依据，对楚雄彝族服饰的图案进行提炼、分析、归纳和总结，从图案的题材、造型、色彩、工艺、文化渊源和功能性几个方面对楚雄彝族服饰图案进行系统的研究，并对楚雄彝族服饰图案的现代应用进行分析，提出了一些想法和观点，为我们进行现代设计提供更多的素材和启示。本书的研究应用了人类学、民族学、工艺美术学、设计艺术学等多门学科的知识，为现代设计提供了蕴含丰富、寓意深刻的艺术基础和具有民族特色的设计素材，可以促进设计艺术从民族化、本土化的角度进一步发展。

杨　淑

2017 年 8 月 8 日

# 目　　录

# 第1章 绪　论

彝族，居住在我国西南边陲的川、滇、黔、桂等省区，自古为我国多民族成员之一，人口众多，历史悠久，是勤劳、勇敢、智慧和富有深厚文化传统的优秀民族。彝族以其特殊的生产生活方式、多彩的文化形态、独特的性格气质吸引着越来越多研究者的目光。神奇秀美而广袤丰饶的土地江川养育了一代代彝族人，也孕育出彝族人悠远的历史和多彩的民族文化。民族服饰是一个民族精神文化的物质载体，可以反映出本民族的政治、经济、地理环境、宗教信仰、民族文化心理等。因此，可以说对民族服饰的研究是打开一个民族心灵之门的钥匙。然而，随着地区经济和世界经济一体化的发展，文化的多元性受到严重的冲击，尤其是民族文化受到重创，民族服饰更是不能幸免，这些宝贵的民族财富正在同趋消亡。因此，对民族服饰的研究显得尤为重要和迫切，其中包括对彝族服饰的研究。楚雄作为中国彝族的主要分布区之一，极富代表性。楚雄彝族服饰古朴典雅、美观大方，极富审美情趣，是华夏文化宝库中的珍贵财富。楚雄彝族尚黑、崇虎、敬火、尚武的传统文化特征，千百年来在美学、宗教、哲学等方面的传统观念、文化结构中最深层的心理积淀等，都可以在服饰及其图案中得到完美的体现。目前，对彝族服饰的研究多集中在彝族服饰习俗、服饰款式、服饰艺术、文化内涵等方面，很少有针对彝族服饰图案的专门研究。而设计领域要发展创新，就需要挖掘新的元素。现代制作工艺的进步，解决了许多设计实践中遇到的困难，创造了许多新的设计载体，为我们的设计提供了更为广阔的空间。民族传统的图案元素要传承，也需要与现代设计结合，以满足当代人们的审美需求。因此，本书通过对楚雄彝族服饰图案的系统研究，探寻隐藏在其背后的彝族宗教、信仰、文化，以及这些文化对其艺术风格产生的深远影响，并尝试将现代的审美法则引入楚雄彝族服饰图案研究中，从而对其进行更为科学、系统的归纳，方便设计师将楚雄彝族服饰的图案元素运用到现代设计中，在满足人们审美需求的同时，也满足了人们对楚雄彝族传统文化的探寻心理。

## 1.1 研究背景

彝族现有人口约 900 万，主要分布在川、滇、黔、桂四个省区，大多居住在高寒山区。因历史地理原因，彝族服饰在沿袭旧制的基础上，同时也受到周边民族和汉族服饰文化的影响。彝族服饰图案种类繁多、异彩纷呈、文化内涵丰富，大多数彝族服饰图案主要来源于对自然的模仿和图腾崇拜。彝族服饰图案及由此所构成的独特民族服饰风貌，是彝族民族性格、审美情趣，以及文化习俗的重要表征。

在全球化日益加速的前景下，世界文化的交流与融合已成为不容回避的潮流，国际时装界也是如此。随着现代通信技术的发展，时装跨国界流行不断加速，我国民族服饰元素也开始跨国界流行，并以其独特、自然、古朴的东方审美特质在国际 T 型台上大放异彩。意大利著名服装设计大师 Valentino 用金色织锦面料来制作拖地鱼尾吊带晚装，在金色面料上盘旋向上的褐色与淡紫色刺绣花朵极其生动，很有中国风情。设计师还特别在吊带的底部加上花朵造型的扣饰，与面料上的刺绣花朵相映成趣，显得非常精美。另外，Dior 的设计师在织锦刺绣面料上使用较为夸张的装饰手法，让模特黄袍加身，显得恢宏大气，还创新地在真皮服装上刺上花朵，亦中亦西，别致有趣。诸如此例，比比皆是。我国民族服饰图案元素在国际服装设计大师的手笔下所焕发出来的独特审美特质，无不说明勤劳智慧的中国人民具有伟大的创造力。随着世界设计行业竞争的日益加剧，如何深入挖掘民族文化的内涵，并使之与现代流行时尚相结合，从而提高我国设计行业的核心竞争力，已成为现代设计发展所面临的重要课题。民族文化是现代设计潮流发展的重要根基和灵感之源，故此，对楚雄彝族服饰图案元素进行研究，并建构彝族服饰图案元素与现代设计潮流相融合的方法论体系，对于沿袭和发展民族文化具有重要的意义。

## 1.2 研究现状

### 1.2.1 基于彝族服饰及其文化内涵的研究

彝族服饰种类丰富，支系繁杂。前人秉承弘扬民族服饰文化的责任感与使命感，撰文立著，对彝族服饰及其文化内涵进行了大量的分类研究。其中，钟仕民、周文林撰写的《中国彝族服饰》就根据彝族不同的居住地域和方言，将彝族服饰划分为大小凉山、滇西、滇中、滇东南、滇东北、黔西北六大类型，并将近千套馆藏的、原汁原味的彝族服饰以图文并茂的形式汇编成书，这些实物图片资料和相关文字论述，为后续研究提供了便利条件。另外，关于彝族服饰的研究，还见于缪良云主编的《衣经》，其首先简要概述了彝族服饰的历史变革、文化内涵，对彝族服饰纹样进行了分类，并揭示其文化寓意。关于彝族服饰文化的论著还有杨阳编著的《中国少数民族服饰赏析》、韦荣慧编著的《中国少数民族服饰》、邓启耀撰写的《中国云南少数民族服饰艺术》等。它们皆是以图文并茂的形式，并基于区域服饰形制差异化特征，概述了彝族的着装习俗及其不同形制的服饰风貌。前人的研究成果，为本书分析彝族服饰的演变规律，对楚雄彝族服饰图案进行分类和系统归纳提供了宝贵的文献资料。

### 1.2.2 基于彝族服饰图案的研究

服饰图案是彝族民族精神的图腾，是彝族民族心理、民族性格、审美情趣的重要徽征。关于彝族服饰图案的研究，在雷晓明主编的《中国民族服饰博览》中，罗列了大量的实物图片，并对不同居住区域的彝族服饰的图案及色彩进行了比较分析。同样在《衣经》中，编者将彝族服饰图案分为植物纹样、动物纹样、纪念及象征性纹样，并从宗教信仰、宇宙观念、等级制度、民俗事象四个方面来揭示彝族服饰图案的文化内涵。关于彝族服饰图案的研究，在一些论文中也有相关的阐述。在范例的《彝族服饰图文类型、艺术特点及美学价值》中，作者将彝族服饰图案分为几何型图纹、图腾式图纹、花卉、鱼虫图纹、自然景物图纹。在陈俏巧的《彝族刺绣“四方八虎图”的文化内涵和美学意义》中，作者对彝族服饰中的四方八虎图案的形制特征、文化寓意及其美学意义进行了剖析。在周真刚的《黔西北彝族服饰及其图纹美学试析》中，作者从造型特征的视角，分析了黔西北彝族服饰图案的美学特质及其文化寓意。诸如此类文献，不胜枚举。以上文献，为本书对楚雄彝族服饰图案的题材、造型方法、色彩运用、工艺技术、文化寓意进行分类研究奠定了一定的基础。

### 1.2.3 基于彝族服饰图案的应用研究

关于彝族服饰图案的应用研究，相关的文献甚少，但在一些论文中也有所立论。其中，武光丽的硕士学位论文《彝族服饰图案艺术研究》，提出了彝族服饰图案传承与应用方面的以下建议：①加强彝族服饰图案的艺术研究；②以新的理念制造彝族服饰文化的氛围；③培育彝族服饰市场。此外，可供参考的民族元素应用的相关文献，还有穆慧玲的《中国传统造型元素与服装时尚设计研究》、周洁的《传统元素中国现代包装设计中的应用研究》、房国栋的《民族文化符号在影视设计中的应用》、白雅虹的《中国民族传统文化元素在现代标志设计中的运用》、萧冰的《现代艺术设计与民族文化符号浅析》、谭军的《浅谈平面设计中传统视觉元素的程式化应用》、刘时燕的《中国传统图形在现代设计境遇中的传承与创新》等。此类文献，主要探讨了民族文化符号与现代设计相融合的方法，在研究方法上可为本书提供借鉴。

### 1.2.4 本书研究的引出

基于以上研究现状的分析，对于彝族服饰图案元素的研究，部分相关论著就彝族服饰图案元素进行了分类，并对其文化寓意和象征意义进行了分析。前人的研究成果，为本书后续研究的顺利进行奠定了坚实的理论基础。此外，关于彝族服饰图案元素在现代设计中的应用研究，相关的论著甚少，偶见一些有价值的论点散布于其他相关文献之中，但缺乏系统化的整理，从而为本书研究留下了大量的空间，同时，因可供借鉴的东西太少，在一定程度上也增加了本书研究的难度。

有鉴于此，笔者在实地调研和大量资料收集的基础上，对楚雄彝族服饰图案元素进行分类，将其放在更为广阔的文化领域中进行分析与研究，并较为系统地剖析楚雄彝族服饰图案元素的造型特征、文化意蕴和审美特质。此外，本书还将从美学的角度，对楚雄彝族服饰图案的造型特征、图案风格的形成、楚雄彝族服饰图案审美与现代美学之间的关系等进行分析与研究，从而构建楚雄彝族服饰图案元素在现代设计中应用的方法论体系，为民族图案元素在现代设计中的应用提供可以借鉴的方法。

## 1.3 研究意义

目前，世界服装设计界普遍重视对民族文化与设计进行研究，以民族服饰为设计切入点进行产品设计与开发，以提高设计品位，丰富设计的文化内涵，建立产品的亲和力，增强产品在市场上的竞争力。如法国的服装设计从20世纪初开始，就一直非常注重服装的民族文化内涵，很多顶尖的设计师都对民族服饰产生了浓厚的兴趣，也曾一次次在世界上刮起民族的旋风；日本的服装设计师将和服运用到现代服装设计之中，打开了国际市场，得到国际上的高度认可；中国近年来各种民族风格的服装品牌也如雨后春笋般发展起来。这些都充分说明，在人们呼唤和平、提倡环保、追求返璞归真的今天，淳朴的民族文化愈发显得弥足珍贵。民族风格、“中国风”从20世纪70年代以来就一直是时尚界竞相追捧的宠儿，国际T型台上从未间断过民族元素的运用，许多世界顶尖设计师均从中国的少数民族服饰上寻找灵感并获得了成功。国内的设计师也在纷纷挖掘少数民族服饰元素，特别是苗族、藏族等民族元素运用较多，而彝族服饰元素还有待于进一步地发掘和利用。在民族传统文化中摘取智慧的硕果，去发掘、发展、超越那些美好的事物，去表现它们带给我们的思想启迪和独特的风采，把民族传统的精髓延续并发扬光大，是每一个设计师在当今必修的一门课程。“民族的才是世界的”，把“中国制造”改为“中国设计”，这是所有中国设计师的使命。我们的设计怎样才能走向世界，怎样才能让世界接受和认可，这是必须认真思考的。只有设计民族化，把民族传统文化与现代设计相结合，推出民族品牌，我国的设计行业才能立足于世界。

楚雄彝族服饰图案具有极高的艺术价值和设计价值，可为我们提供丰富、珍贵的设计素材。深入楚雄彝族地区进行实地考察，研究楚雄彝族服饰图案的造型特征及其审美文化内涵，提炼分析可运用到现代设计中的设计元素，并且把这些元素进行详细的归纳与整理，无疑对于楚雄彝族服饰图案的保护与传承都具有深远的意义。因此，本书的研究侧重以下三个方面。

首先，通过对楚雄彝族服饰图案的题材、造型特征、色彩、工艺及审美文化内涵的研究，对楚雄彝族典型支系服饰图案的细节考证、分析，为现代设计提供详细真实的第一手资料。

其次，本书力求通过对楚雄彝族服饰图案的研究，为现代设计提供文化创新的宝贵资源，并做一些具体应用的方法探讨。探讨如何把楚雄彝族服饰图案中可利用的元素与现代设计相结合，如何把民族服饰深厚的文化价值转化成经济市场价值，把民族服饰的淳朴美转化为现代设计艺术的时尚美，使楚雄彝族服饰图案能在现代文明中被认可，为现代社会创造更多的经济价值和文化价值。

最后，民族服饰图案文化是人类宝贵的精神财富，笔者希望通过本书的研究能唤起人们对楚雄彝族文化、楚雄彝族服饰的保护和传承意识，充分认识楚雄彝族服饰图案的价值，使其从悠悠历史中走过来，又能永远传承发展下去，成为现代设计发展的动力。

## 1.4 本书研究运用的方法

### 1.4.1 民族学的理论方法在研究中的应用

民族学是以民族为研究对象的学科，把民族作为整体进行全面考察，研究民族的起源、发展及消亡的过程，具体包括该民族的基本知识、社会经济结构、政治制度、社会生活、婚姻家庭、风俗习惯、宗教信仰、文学艺术、道德规范、思想意识等。楚雄彝族服饰作为一种民族服饰，对服饰结构及服饰图案的研究必定要依靠民族学的理论及方法，主要有以下两个方面。

首先，参考民族学研究的文献资料。在彝族服饰的研究成果中，很多都是民族学的研究成果。在历史的长河里，彝族也发生过大的迁徙。各个支系分散到各地居住，支系多而分布广，即使在某一个地区内也分布着很多的支系，而且同一个支系在不同的地区的服饰也会不完全相同。但是每个宗支都有自己独特的服装款式和图案，这样，楚雄彝族服饰就成为不同支系对内认同和对外标识的重要文化符号和特征。如果没有这些民族学的文献资料，我们就不可能了解这么丰富的文化，也不可能对楚雄彝族服饰图案进行深入的研究。

其次，田野调查的方法。实地调查法是民族学研究的主要方法，也称为田野调查，是指民族学工作者亲自进入民族地区，通过直接观察、具体访问、居住体验等方式获取第一手研究资料的过程。虽然有文献资料，但还是不能完全提供楚雄彝族服饰图案研究所需要的材料。只有通过实地走访调查，请彝族人民把服饰拿出来，一件一件地演示穿着，才能知道他们的着装方式、服装的结构，才能看清楚服饰上的图案纹饰并拍摄图片，最终形成本书的第一手资料。

### 1.4.2 美学的理论在研究中的应用

美学理论可以在某些方面解释彝族服饰图案的结构和造型规律，从而使研究更全面、丰富。本书具体运用的美学理论可以分为以下两个方面。

首先，美的形式规律。这是指一定的比例、对称、和谐、秩序、多样统一、黄金分割等，即把楚雄彝族服饰图案作为纯粹的艺术品来研究。就视觉艺术而言，图案是由线条和色彩以某种特定方式排列组合起来的。线条是指服饰图案上的结构线、装饰线等，色彩则是服饰面料的颜色，以及由服饰图案上不同位置采用不同的装饰工艺所构成的色彩组合。楚雄彝族妇女在服饰图案上运用了各种美的形式原理，如反复、交替、节奏、渐变、比例、对称、平衡、对比、调和、支配、从属及统一等，色彩组合上也十分注重色彩性格的调和、色彩的比例、平衡、节奏、间隔、强调、关联等。

其次，人类学本体论美学。人类学本体论美学是我国美学家李泽厚先生提出来的，也可称为主体性实践哲学。在这个理论中，艺术本体被归结为心理本体，是指作为人类集体的历史成果的精神文化、智力结构、伦理意识、审美享受等，特点是理性融于感性中、社会融在个体中、历史融在心理中，有时虽表现为某种无意识的感性状态，却仍然是千百万年的人类历史的成果。本书选择该理论来帮助研究楚雄彝族服饰图案，是因为它直接回答了楚雄彝族服饰图案的哲学问题。民族审美的形成受到地理环境、生产方式、文化传统、宗教信仰、巫术礼仪等的影响。楚雄彝族服饰图案以个别、特殊、具体的感性意象为特征，透过这些意象来呈现、暗示某种一般、普遍、抽象的观念，并通过想象、幻想、联想等方式创造彝族服饰图案的意象世界。楚雄彝族服饰图案表达的是楚雄彝族对自己的历史、对大自然的认识，它既求形式的“美”，也求内容的“真”；它既拟定了审美的意象世界，也是理性认识的精神产品。

# 第2章 楚雄彝族服饰的概述

## 2.1 楚雄彝族主要支系及其分布

彝族是古羌人南下后，在长期发展过程中与西南土著部落不断融合而形成的民族。先前，彝族因不同的居住区域和语言而有许多自称，如“罗罗”“诺苏”“尼”“阿细颇”“黑彝”“白彝”等。中华人民共和国成立以后，经过民族识别，按广大彝族人民的共同愿望，以“彝”作为统一的民族名称。

彝族是中国西南地区人口最多、分布最广的一个少数民族，在中国国内的现有人口大约为900万，主要居住在云南、四川、贵州等省，居住情况是大分散、小聚集。其中，云南省是彝族人口最多且最为集中的地方，约有500万。而在云南省，楚雄彝族自治州（以下简称“楚雄州”）、红河哈尼族彝族自治州、石林彝族自治县、禄劝彝族苗族自治县是彝族人口聚集的地区，其中的大部分彝族人口又集中居住在楚雄彝族自治州。

楚雄彝族主要分布于楚雄州境内各县的山区和半山区地带，他们的聚居地与滇东、滇南、滇西及四川凉山的彝族聚居地接壤。其中，楚雄市、南华县、双柏县的彝族主要聚居在哀牢山一带；大姚县、永仁县的彝族主要聚居在百草岭一带；武定县、元谋县的彝族主要聚居在金沙江南岸的山区；姚安县、牟定县、禄丰县的彝族与其他民族杂居于当地的山区。

任何一个民族的形成和发展，都与地理环境有着直接的关系，彝族也不例外，在其形成和发展的过程中，受地理环境的影响很大。楚雄彝族聚居的山区极为复杂的地理环境，是形成楚雄彝族今天支系众多、称谓众多的主要原因。楚雄州境内的彝族大致有10个支系，分别为：倮倮支系（主要分布于楚雄市、南华县、姚安县、大姚县、牟定县、双柏县），俚颇支系（主要分布于永仁县、大姚县、元谋县、武定县），诺苏支系（主要分布于武定县、元谋县、永仁县），纳苏支系（主要分布于武定县、元谋县、牟定县、双柏县），山苏支系（主要分布于双柏县、姚安县），车苏支系（主要分布于双柏县、姚安县），密岔支系（分布于武定县），撒尼支系（分布于武定县），纳罗支系（主要分布于武定县、元谋县），葛颇支系（分布于武定县）。

## 2.2 楚雄彝族服饰的历史渊源

楚雄彝族的历史文化底蕴醇厚，古老的文字、天文历法及神奇的医药是彝族人民智慧的结晶，也成为现代相关专家学者青睐的研究对象。同时，楚雄彝族也是一个宗教文化繁衍的古老民族，他们崇尚万物有灵的祖先崇拜和自然崇拜。楚雄彝族服饰和楚雄彝族的历史一样，有着自身的发展规律和完备的体系，是楚雄彝族人民生活习俗和智慧的象征。因楚雄彝族居住区域和语言的不同，其服饰名目繁多、风格迥异；又因楚雄彝族支系繁多，其服饰也异彩纷呈。楚雄彝族的服饰与楚雄彝族的宗教、历史、农事、节日庆典的关系极为密切，服装款式多达上百种，每一种服装款式又因年龄、婚姻状况、地位的不同而有所差异，除日常生活穿着的常服外，还包括绚丽多彩的节日盛装。

关于楚雄彝族服饰的历史渊源，我们可以从考古发掘和一些史书中找到佐证，如1963年发掘出土的云南昭通后海子东晋霍氏墓壁画所绘英雄髻、披毡的形象，现今楚雄部分支系的彝族仍将其沿袭了下来。《隋书·党项》载“党项羌者，服求褐，披毡以为上饰”。《新唐书·南蛮传》中提到：“乌蛮……土多牛马，无布帛。男子髽髻，女子披发，皆衣羊皮衣。”这里的乌蛮就是唐宋时期对昆明部落发展而成的彝族的统称，楚雄彝族的先民多是唐宋时期的乌蛮。这些文献所记载的早期彝族着装习俗“披羊皮衣”至今仍在沿袭，如图 2-1 所示。由此可见，楚雄彝族服饰的历史之悠久，一部分服饰至今仍在沿用，只是在质料上有所变化，服饰仍保持着本民族的风格特色，并且在一些服饰形制上派生出了更多的款式。

图 2-1　“披羊皮衣”

## 2.3　楚雄彝族服饰的演变

服饰是历史文化和意识形态的一个缩影，它随着人类历史的发展和人的需要而不断演变。楚雄彝族服饰的发展经历了由简单（款式单一）到复杂（款式丰富），由低级（质料单一）到高级（质料丰富）的发展阶段。这种循序渐进的过程，在楚雄彝族服饰的材质上，具体表现为由树叶衣到草质衣，再到兽皮衣和毡制品、麻布衣，最后出现棉织衣、丝织衣的演变过程。据史料记载，彝族如按其眼睛变化来划分时代，他们的祖先经历了独眼人、直眼人、横眼人三个原始社会发展进化的阶段。而树叶为衣则是在独眼人时代发展起来的，因树叶衣在彝族社会生活中有着重要的意义，故这种传统一直保持至今。例如，从树叶衣中衍生出来的蓑衣（包括棕叶衣、响草衣、树皮衣等），其制作工艺仍保持原始的传统，不使用任何工具，凭双手把一片片树叶撕开，揉顺编结而成。蓑衣至今仍被楚雄彝族当成雨衣使用，且出门不离身，如图 2-2 所示。在树叶衣之后，楚雄彝族服饰的演进只能从秦汉以来的考古学和古文献中得到一些线索。具体来说，战国到汉晋时期，彝族服饰有了“编发”的头型和穿披毡的传统。到唐宋时期，彝族成为云南的统治民族，在保持古老服饰传统的基础上，又大量吸收了先进民族的文化和技术，出现“锦衣绣服”且有等级贵贱的服饰制度。明清时期，伴随着大量的汉族移居云南的大部分地区，彝族服饰注入了一些汉族文化的内涵，形成了不同支系和不同地域的服饰格局。清末，随着楚雄地区封建地主经济的发展和彝族人口的增多，楚雄彝族服饰的支系分化更加明显。民国以来，楚雄彝族服饰的色彩也变得更加绚丽多姿，并且由此逐渐形成了当代楚雄彝族服饰的特色。民国时期的文献《姚安县志》中记载：“彝妇老者，剃发如尼僧，冬月被重毡，系以两带，如以襁负小儿然。少者喜著红绿，领、帽饰以贝，耳环大如钏，有重至三四两者。”由此看出楚雄彝族服饰的色彩已从单一的黑色发展为多样化的色彩。中华人民共和国成立以后，特别是改革开放以来，楚雄彝族服饰不但在质料和工艺上有了较大的飞跃，其服饰图案更加丰富多变，装饰手法也多种多样，并在此基础之上，不断衍生出更多的款式。

图 2-2　蓑衣

## 2.4 楚雄彝族的着装习俗

### 2.4.1 虎图腾

彝族古称罗罗，意为虎族。明代《虎荟》有“云南蛮人，呼虎为罗罗，老则化为虎”。虎为百兽之王，是自然界中最凶猛的动物。彝族的原始图腾是虎，且为黑虎，即黑额虎。彝族为古羌族群的后裔，从彝文经典和彝族传说中得知，彝族祖先居于“世界的北方”，彝族巫师为去世的人送魂的路线，也多指向北方。凉山彝族《送魂经》记载彝族的送魂路线直抵“莫木蒲姑”，即云南昭通，这证实了羌戎南移与土著民族融合而成彝族的史实。古羌族的原始图腾亦为虎。虎剽悍勇猛、雄壮威武，有神奇的变化和巨大的力量，因此，彝族人崇拜虎，相信自己是虎的后裔，认为人与虎可以互相转换。而且彝族源起于高原，多居山地河谷，他们以山为家，以虎自命，视山虎为一体。乌蒙山有一个山峰，彝语“罗尼白”，意为黑虎山；镇沅的“纳罗冈”，意为黑虎冈；哀牢山也有山名“纳罗”，意为黑虎。在楚雄彝族地区，至今留存很多虎图腾崇拜遗迹，社会生活中也多用虎饰。唐樊绰《蛮书》记载：“异牟寻披波罗皮。”波罗，南诏语意为虎皮。南诏王异牟寻披虎皮，既表现了他承继祖先狩猎遗俗，也足见虎皮礼服之尊贵。彝族首领、巫师好以虎皮为饰，彝族小孩要戴虎头帽子，穿虎头兜肚。孩子出世，老人要用锅烟灰在其头上画“十”字，为“王”字缩写，寓意“虎王”。古代楚雄彝族妇女系虎头围腰，两膝也要绣对称的四方八虎图；男子上衣襟边绣有虎、豹、鹰、龙四个彝文，这四种动物恰巧是彝族的动物崇拜图腾，老人则穿虎头鞋，这些皆表现了楚雄彝族的虎崇拜。图 2-3 所示的是楚雄彝族小孩的虎头帽。

图 2-3　楚雄彝族小孩的虎头帽

### 2.4.2 尚黑遗风

彝族以尚黑著称，尚黑一是源于彝族的图腾崇拜，传说彝族的先祖是一只黑额虎；二是与其族源有关，彝族源起西北羌戎，羌戎其衣尚青。唐宋时彝族被称为“乌蛮”，即黑彝，可见其早有尚黑传统。今凉山彝族自称“诺苏”，乌蒙、哀牢山彝族自称“纳苏”“聂苏”，其意皆为“尚黑的民族”。彝族以黑为贵，不仅服饰尚黑色，就是骨头亦尚黑色。凉山的彝族认为，只有黑骨头的人才能做官治人。据明代《云南图经志书》载，彝族“有黑白之分”，黑贵而白贱。唐樊绰的《蛮书》也有乌蛮“妇人以黑缯为衣，其长曳地”，白蛮“妇人以白缯为衣，下不过膝”的记载。就是到了民国时期，彝族地区仍以黑彝为贵族，谓之黑骨头；以白彝为平民，谓之白骨头。而且特别讲究血统，血统混杂不纯者，谓之花骨头、黄骨头，其地位还在白骨头之下。反映在服饰上更为明显，黑彝无论男女老少皆以一身全黑为贵，从前的黑彝女子多裹素黑无饰头帕，穿全羊毛或纯棉布服装，上衣不用彩饰，做黑、蓝素花边，裙边镶黑布条，布条越宽越显得地位尊贵，老人只穿黑裙，小孩不穿花哨服装；白彝穿自制的羊毛或麻料衣服，女子服饰五颜六色，艳丽夺目，裙不过膝。楚雄地区的现代彝族服饰也保留了传统的尚黑遗风，服饰以自染黑布为料，男子全身皆黑，女子多裹黑包头，各个支系的服装皆以黑、青、蓝为底，镶以花边。黑、青、蓝等深色在彝语中一概称“纳”，意为黑。

### 2.4.3 尾饰之俗

在楚雄彝族服饰中存在着一种普遍的装饰物，一般称为“尾饰”。这种风格，实际上是远古图腾崇拜的反映。其历史渊源，可以追溯到古老的时代，其中“九隆神话”里有“人皆刻画其身，象龙文，衣皆著尾”的文字记载。“九隆神话”在彝族人民中影响尤为深刻，大量的彝族典籍和口传文学都记载着“九隆”这位开辟神的事迹，如《查姆》《西南夷志》《六祖分支》《洪水滔天史》《阿鲁举热》《竹的儿子》等，都把“九隆”说成是龙的儿子，是彝族的开辟神。近年来，人们在云南保山一古老的石洞中发现“九隆石雕”，附近方圆几百里的彝族人民认它作自己的祖先，每年都到此朝拜。总之，“九隆神话”在彝族人民心中有着深深的根，它影响着彝族社会生活的各个方面。龙既然是彝族的开辟始祖，其形象自然要反映到服饰上来，所以彝族部分支系的服装会在衣襟后面拖一条“尾巴”，这种风俗一直流传至今。楚雄州大姚县、永仁县等地的彝族，不分男女，都穿羊皮衣。羊皮衣的制作特别注重尾巴的完整，如果羊皮的尾巴部分损坏了，质地再好的羊皮衣也不受欢迎。楚雄地区大部分彝族妇女的围腰上都有刺绣精美的飘带，飘带少则两条，多则十几条，围腰布系在腰上，飘带在腰部后方打结后往下垂挂，在彝族妇女行走和劳作时，围腰后面的飘带都会摆动，就像龙的尾巴一样，非常灵动（图 2-4）。

图 2-4　飘带

## 2.5　楚雄彝族各个支系的服饰概况

楚雄州地处滇中地区，东接乌蒙山，北依金沙江，南临哀牢山，是古代各部彝族迁徙辗转之地，为彝语几大方言的交汇地带，故服饰也纷繁多彩。楚雄彝族支系分布区与其他彝族分支相比，是彝族支系最多最集中之地，也是保留彝族传统文化较多的地区之一。楚雄彝族

图 2-5　楚雄彝族女装

图 2-6　羊毛披毡

服饰的总体特点是右衽上衣和阔腿长裤，绣花围腰和长腰带，头上包头巾或戴帽子。“不分男女，俱披羊皮”“衣火草布”“着贯头衣”等古老的习俗，仍然不同程度地保留至今。女装的上衣稍短，花饰繁多，色彩艳丽，工艺以挑花、镶补、平绣居多，图案以花卉为主，二方连续应用广泛。传统的云纹、马缨花等图案多装饰在上衣的胸前、盘肩等特定的部位，总的特点是明快大方，色彩对比强烈，如图 2-5 所示。比起千姿百态的女子服饰来，男子的上衣要单调得多。这与许多民族自古以来男子喜饮、女子善装是一个道理。楚雄彝族男子着短衣长裤，上身外着羊毛披毡，如图 2-6 所示。披毡，彝语称“擦尔瓦”，形似汉族的披风，无领无袖，好像一口钟。彝族披毡起于何时，已实难考证，但从有关史料推测，至少在战国时期已经有了高质量的产品。晋宁石寨山古墓群“滇王家族”墓地出土的铜俑，有的身着麻装，有的身着披毡。毡上装饰着狼噬鹿、蛇噬兽等动物纹样，显得十分华美。披毡用羊毛经过湿润、加热等工艺处理，再反复碾压，使其收缩平整，质地结实厚重，是彝族的手工绝技。披毡颜色有原毛白色，大多染成黑色、青色、麻灰色和深蓝色。披毡既可以防潮御寒，又可以铺地坐卧，夜间以其为被盖，白天用以为衣服，雨天还可以用其避雨。另外，楚雄彝族男子的火草领褂也很有特色。火草本是一种长在山上的野生植物，它的叶片和根部长满黄白色的绒毛，可以晒干用作火镰打火的火绒，故名火草。每年的夏末秋初，彝族青年上山采集火草，然后姑娘们把火草捻成细线，和细麻线捻和在一起，用土法制成水草皮，再缝制成衣服。领褂由两幅拼合，长向对折，前领开口有布纽扣，左右两侧缝合或用布草扎结，下摆两边缝兜，边角用布装饰。这种火草领褂既保暖、透气，穿着又轻柔舒适，经久耐磨，如图 2-7 所示。在色彩应用上，楚雄彝族服饰一般以黑或近黑的青蓝等色为主，衬以红、黄、绿等色。这与彝族长期历史文化所积淀的尚黑、喜红黄的审美意识有着直接的关系。而在服饰的款式、质地、色彩、装饰图案等方面各个支系有所不同。总体情况有如下几个方面。

图 2-7　火草领褂

## 2.5.1　倮倮、纳苏支系

倮倮支系和纳苏支系的服饰样式接近，色彩皆偏深，女装的上衣为右衽短襟，袖子较窄，外面穿黑色或者深色的坎肩，下装穿长裤，佩戴围腰，围腰上绣着各种花卉或者几何纹组成的图案，如图 2-8 所示。从前的彝族妇女穿裙子，现在则多穿长裤，花饰主要集中在裤子的中部和下部。南华县马街妇女的着装，整套服装素雅简洁，上衣的前襟短后襟长，前襟只到腰部，后摆则长至臀部，穿着的时候系上围

图 2-8　倮倮、纳苏支系女装

图 2-9　南华县马街妇女着装

腰则可以遮盖短缺的部分，也节约了面料，如图 2-9 所示。倮倮支系妇女大多戴包头，包头就是将一块布包在头上，所以也叫包头巾。包头巾有精美的图案装饰，也有单色素雅的，包的越宽大越为美，且以银泡、彩穗越多越为华贵。各地头饰的大小有异，或挽髻于脑后，包青帕，装饰银簪、银链于发髻上；或在头帕上装点数朵五彩绒花或者戴缀满银花、银泡的银泡巾，如图 2-10 所示。楚雄、牟定等地的彝族妇女头上缠青帕，呈圆盘状，直径 30 多厘米，用布数丈，周围装饰银花、银须或彩色的绒球（图 2-11）。南华彝族妇女的包头巾为三角形，黑布地，两侧的角上镶着蓝布，前中的角上用五彩丝线绣有几何纹和变形的花卉纹（图 2-12）。男子服装的基本款式是短衣长裤，上衣有少许的绣花，如图 2-13 所示。

图 2-10　倮倮支系妇女包头巾

图 2-11　楚雄、牟定彝族妇女的包头巾

图 2-12　南华彝族妇女的包头巾

图 2-13　倮倮、纳苏支系男子服装

## 2.5.2　俚颇支系

俚颇支系的女装款式不一，既有大襟衣、长裤，也有对襟衣、中长的百褶裙。大姚县昙华、三台等地的女装色彩艳丽，上衣多用红色、蓝色绸缎，喜欢镶黑色、黄色、红色等颜色的花边，同时系三层围腰（图 2-14）。中老年妇女盛装时也穿花衣，常装多为青衣，而且喜欢披羊皮褂。图 2-15 所示的是大姚县彝族女子的百褶裙，裙子用黑布与红、蓝、粉、紫等诸种色布相间拼接而成，形成 20 多层拼镶装饰纹样，整套服饰形似色彩斑斓的虎皮，后摆较长。此服装在楚雄彝族服饰文化中具有较高的研究价值，它不但具有独

图 2-14　大姚县昙华、三台等地的女装

图 2-15　大姚县彝族女子的百褶裙

图 2-16　永仁县、元谋县彝族男子穿的大脚裤

特的镶拼技艺，而且蕴含着彝族虎图腾崇拜和“衣著尾”习俗等文化事象。图 2-16 所示的是永仁县、元谋县彝族男子穿的大脚裤。这种裤子是用青色、天蓝色、黑色等土布缝制而成，裤子宽大，裤脚开口很大，裤脚比裤腰的直径还要长，两脚并拢时犹如穿着裙子一样，跋山涉水或劳作的时候把裤脚收拢拧紧插于裤带内，行动极其方便。近二十年来，除了一些中老年彝族人还保留着传统的大脚裤外，青年男子的下装与附近的汉族着装差不多。

## 2.5.3　诺苏支系

诺苏支系的服饰样式与楚雄彝族其他支系基本相同，但从视觉效果上看，诺苏支系的服饰显得更加华丽典雅，因为这一支系的彝族妇女喜好用一些工艺复杂的装饰物来点缀她们的服装，图 2-17 所示的是元谋、永仁彝族妇女的罩衣，右边开襟，衣领有银扣，或者别银质领花一条，颇为精致。图 2-18 所示的是元谋、永仁彝族妇女的绣花头帕。诺苏支系的姑娘喜爱在头上裹绣花帕，婚后则包青帕。盛装的头帕，常常缀着海贝、银花、银泡，或者五彩的长穗等，是古老的“饰以海贝”“项垂瓔珞”的遗风。绣花头帕多用黑色底布，呈正方形，边长约 70 厘米，绣花集中在一角或者四角，也有正方形满绣花纹，佩带的时候要将绣花一角翻至头顶。各种植物的根、叶、果，都被彝族妇女用作刺绣图案的题材。诸如牡丹花、马缨花、山茶花、牵牛花、迎春花、火草花、石榴花、梅花、灯笼花，以及生产生活用具等，都能在她们的刺绣品中得到反映。虽然诺苏支系的彝族分布地区比较宽广，所处自然环境差异也很大，但其赋予植物图案的含意基本上是

图 2-17　元谋、永仁彝族妇女的罩衣

图 2-18　元谋、永仁彝族妇女的绣花头帕

相通的。例如，石榴图案是求多子多孙，桃子图案寓意夫妻团圆，牡丹图案寓意女子聪慧美丽，火草图案表现女子能织善绣。彝族妇女绣制的每一幅图案，都抒发着对幸福生活的追求和向往，寄寓着美妙的情思。

另外，诺苏支系还有一种样式别致的女子服饰，如图 2-19 所示，形制如汉族的长袍，右衽，无领，袍子的下摆开衩处、袖口、前襟等位置分别镶有黑布条和五彩丝线绣的花边装饰，袍子的下摆位置以一道彩色绣布条镶成“凹”字形，上面用丝线绣有马缨花纹。袍子外面的上衣比袍子的尺寸小一些，上衣袖子比袍子的袖子短，刚好可以露出袍子袖口的装饰，上衣为黑布地圆领对襟，托肩与襟边以蓝、白、红色布条镶拼，白色布条上用五彩丝线绣缠枝花卉纹，上衣的领牌作为独立的部分存在，穿着方便，领牌上用数条银链作装饰。

图 2-19　诺苏支系样式别致的女子服饰

## 2.5.4 山苏、车苏支系

山苏、车苏支系的女装也很有特色，上衣是黑布地，立领，右衽，高开叉，衣襟和袖管上彩绣着缠枝莲花纹、犬齿纹、绳纹等图案；围腰上绣有缠枝花卉纹，中部和边沿用彩色花边相拼，边沿缀着须线；裤子是黑布地，裤管上绣有麟条纹、人形舞蹈纹、马缨花纹和灯笼纹等（图 2-20）。衣服绣工精细，装饰性极强。这两个支系的彝族女子婚前编发戴鸡冠帽，婚后盘发髻戴包头巾（图 2-21、图 2-22）。

图 2-20　山苏、车苏支系的女装

图 2-21　山苏、车苏支系彝族女子婚前编发戴鸡冠帽

图 2-22　山苏、车苏支系彝族女子婚后盘发髻戴包头巾

## 2.5.5 密岔、撒尼、葛颇、纳罗支系

这几个彝族支系的女装基本款式是右大襟，长裤，系围腰。女青年穿着的盛装上面绣花很多，上衣环肩多装饰彩须或者银穗(图2-23)，裤脚有近60厘米宽的花饰段，其中以精致的挑花人形纹样最富有特色（图2-24）。后襟长及膝，明显体现了“衣著尾”的古老习俗，左右两边及下摆同样刺绣马缨花纹样和镶钉银梅花泡（图2-25）。头戴鱼尾帽，帽子呈鱼尾状，黑布地，帽子前后刺绣花卉纹，缀饰珠串，帽

图2-23 女青年盛装的上衣环肩

图2-24 挑花人形纹样饰段

图2-25 彝族女青年盛装的后襟

子的顶部缀有红色的毛线束（图2-26）。武定县的猫街、禄丰县的中村、元谋县的花同等地的青年女装，会在盘肩、前襟、后摆和火草披风等处绣上团花图案。武定县猫街女子服饰很有特色（图2-27），上衣为两件式，外衣为蓝布地，直领，右衽，短袖，内着相同花色的长袖上衣。托肩、衣襟处镶有三道黑布地花边，上面用五彩丝线绣马缨花、火菊花、山茶花。袖口翻卷，上面绣有雪花纹、犬齿纹。后襟背及下幅皆以五彩丝线绣着马缨花和四瓣花纹。围腰黑布地，用蓝布镶边，上面绣马缨花、菱形纹，中间缀有一道绿色须线。

图2-26　鱼尾帽

图2-27　武定县猫街女子服饰

# 第3章 楚雄彝族服饰的分类

随着民族大迁徙和自然、社会环境的改变，楚雄彝族的服装结构从古至今历经了几个阶段的变化，以上装为例，从最早的贯头衣发展到无领对襟衣，继而出现了交领对襟衣和立领对襟衣，最后有了立领斜襟衣和大襟衣。由此可见，在经历了民族杂居和民族融合之后，楚雄彝族服装的结构既保持了本民族鲜明的特色，又汲取了中国汉族传统服饰的精华，结构形制齐全，种类多样。

## 3.1 上衣

### 3.1.1 贯头衣

楚雄彝族的贯头衣是由人类早期的原始服装发展而来的。原始人将兽皮中间划开一个洞，把头套入，再用绳子系住两侧，就形成了一件衣服。楚雄彝族早期的贯头衣就是用整块的毛毡或麻布制成，中间开口套头，两侧系绳，发展到后来，两侧就用线缝合起来，保暖性就更好了（图3-1）。

图 3-1　楚雄彝族的贯头衣

图 3-2　楚雄彝族的无领对襟衣

## 3.1.2　无领对襟衣

这种衣服的结构是前面中部开口，对襟。早期的楚雄彝族用绳系住两边衣襟，后来发展为用各式扣子固定衣襟（图 3-2）。

## 3.1.3　交领对襟衣

这种衣服的样式与汉族传统服饰接近，与无领对襟衣的区别在于领口部分用布条缝出了两条衣领，使得衣服更加立体（图 3-3）。

## 3.1.4　立领对襟衣

立领的服装样式是服装发展史上的一大进步，这种服装的领口设计较之无领和交领的结构更为科学，根据人体颈部的结构留出圆形领口，然后嵌入一个立领，不仅能起到保暖和保护颈部的作用，而且形式上美观大方，图 3-4 所示的是楚雄彝族的立领对襟衣。

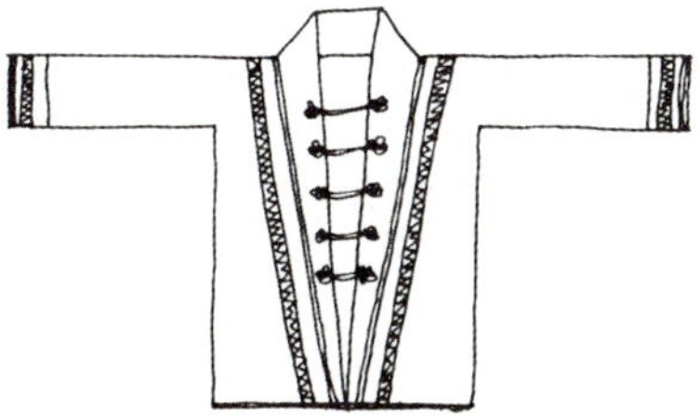

图 3-3　楚雄彝族的交领对襟衣

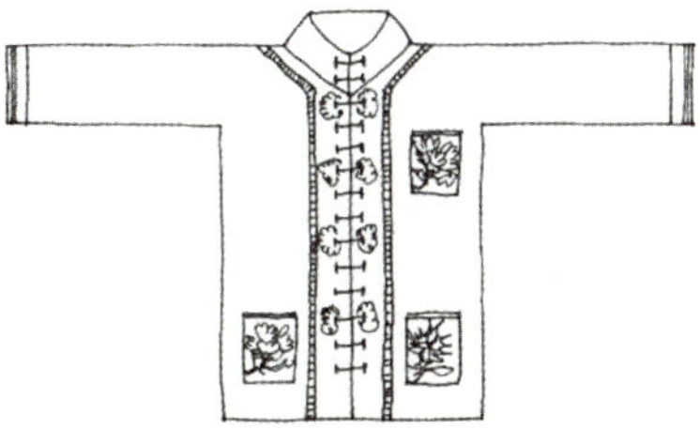

图 3-4　楚雄彝族的立领对襟衣

### 3.1.5　立领斜襟衣

这种结构在楚雄彝族的服装中较为常见，穿着方法是两襟相交，左边衣襟压住右边衣襟，与汉族的右衽服饰形制相似（图 3-5）。

### 3.1.6　大襟衣

楚雄彝族的大襟衣通常是右衽、立领、长袖，下摆较长呈圆弧形，保暖性能优于对襟衣，制作工艺也较为复杂，是楚雄彝族服饰逐步发展进步的体现（图 3-6）。

图 3-5　楚雄彝族的立领斜襟衣

图 3-6　楚雄彝族的大襟衣

## 3.2　下装

楚雄地区彝族男子的裤子多用黑色或蓝色布料制成，裤子又长

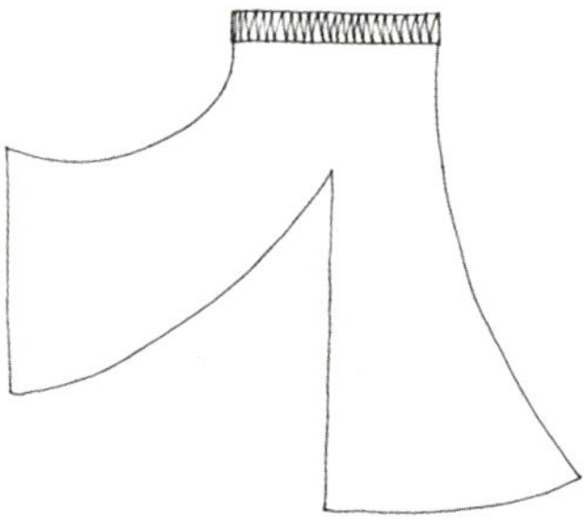

图 3-7　楚雄彝族男子的大脚裤

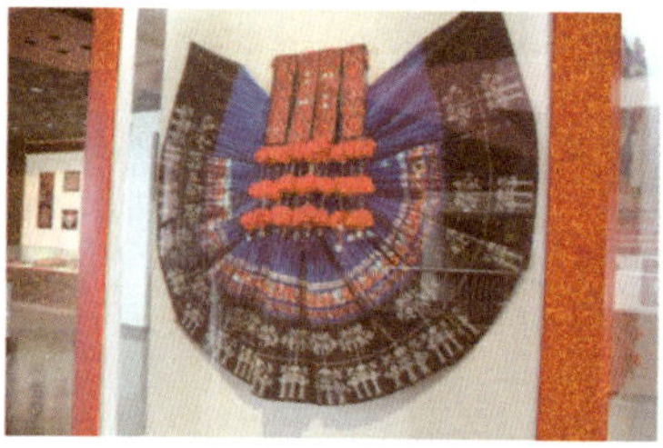

图 3-8　楚雄彝族女子的百褶裙

图 3-9　楚雄彝族女装裤子

又宽，俗称“大脚裤”（图 3-7）。

女子的下装多以裙子为主，其中百褶裙是楚雄彝族女子下装的传统款式之一，用色鲜明，对比强烈，图案较多（图 3-8）。女装裤子的款式与汉族现代服装相同，裤子多为黑色或青色，两只裤脚边上绣有色彩鲜艳的装饰图案（图 3-9）。

## 3.3　头饰

头饰在古代被称为“首服”，是指戴在头上的作为发饰一部分的装饰品，主要由发式、头衣和饰品组成。头饰是楚雄彝族服饰中独具特色的重要组成部分，反映了楚雄彝族特有的民俗文化，是楚雄地区彝族人民生活习俗和审美情趣的直接体现。

### 3.3.1　发式

楚雄彝族女子的发式是根据头衣的形态来进行造型的，不同支系、不同年龄的彝族妇女佩戴的头衣样式不同，其发式造型也有相应的区别。戴帽子的彝族女子发式造型以束发和挽髻为主（图 3-10）；包头巾的发式造型以编辫子和堆髻为主（图 3-11）。彝族男子的现代发式以短发为主。

图 3-10　戴帽子的彝族女子发式造型

图 3-11　包头巾的彝族女子发式造型

### 3.3.2　头衣

楚雄彝族的头衣按结构形制分类，可以分为冠帽式和巾帕式。

**1. 冠帽式**

楚雄地区的彝族妇女佩戴的冠帽形式多样，由于彝族的自然崇拜和动物崇拜，帽子的造型以各种仿生结构为主，主要有：形如鸡冠的鸡冠帽（图 3-12）、仿照鹦鹉嘴的造型设计的鹦嘴帽（图 3-13）、造型生动形象的蝴蝶帽（图 3-14）、鱼尾帽（图 3-15）、凤凰帽（图 3-16）、马缨花帽（图 3-17）、荷叶帽（图 3-18）。

图 3-12　鸡冠帽

图 3-13　鹦嘴帽

图 3-14　蝴蝶帽

图 3-15　鱼尾帽

图 3-16　凤凰帽

图 3-17　马缨花帽

图 3-18　荷叶帽

楚雄彝族儿童主要佩戴虎头帽和八卦帽。图 3-19 所示的是八卦帽，帽子是黑布地，呈圆盘状，帽身上绣有龙图案，帽顶绣着一朵八瓣的花，象征着八方，八个花瓣中间绣着“乾、坤、坎、离、震、巽、艮、兑”，象征着“天、地、水、火、雷、风、山、泽”八种自然现象，体现出彝族人对宇宙的认识。

楚雄彝族男子使用一种斗笠（图 3-20），是用竹篾编制的，具有较强的实用性，在劳作的时候可以遮太阳也可以挡雨。

图 3-19　八卦帽

图 3-20　楚雄彝族男子使用的斗笠

另外，还有一种具有特殊功能的帽子，就是毕摩的法帽，法帽是彝族的毕摩法师在主持宗教仪式的时候用的法器之一，彝族人认为法帽是毕摩与神沟通的重要工具，在制作法帽的时候也尤为虔诚，一般都会选出最好的工匠，择吉日砍竹子，用竹篾编制，在进行宗教活动的时候戴在德高望重的毕摩头上，表达彝族人对神的崇敬之情。每当毕摩做完一次法事，就会在法帽上加上一层薄毡，帽子上的羊毛毡层数越多，就代表毕摩法术越高。法帽上面会有一个老鹰的形象，帽子两侧有彩色的带子，有时会在带子上拴一对鹰爪，用于驱魔辟邪，图 3-21 所示的是头戴法帽的楚雄双柏县彝族毕摩。

图 3-21　头戴法帽的楚雄双柏县彝族毕摩

### 2. 巾帕式

用巾帕包头是楚雄彝族装饰头部的独特方式，各个支系的彝族包头的方式有各自的特色，女性包头帕主要有以下几种款式。

1）五角形包头（图 3-22），这种包头是用黑色布一层一层缠绕在头上，形成一个五角形，由布条缠绕而形成的线条排列错落有致，具有层次感。

图 3-22　五角形包头

2）圆形包头（图 3-23），这种包头在早期和五角形包头是同样的缠绕方法，随着时代进步，现代楚雄彝族

图 3-23　圆形包头

妇女将黑色布条缠绕并缝制成型，并在上面绣上装饰图案，装上一些线球，使包头的款式更为美观，也节省了大量缠包头的时间。

3）羊角包头，图 3-24 所示的是楚雄倮倮支系的羊角包头，这种包头造型别致，前段是尖角形，后面用包头布打两个向上翘起的结，形状跟羊角极为相似。图 3-25 所示的是楚雄俚颇支系的羊角包头，是用 160 厘米 ×160 厘米的四角绣有图案的正方形包巾对角折叠缠绕而成，包头的两个角朝下，也形似羊角。

4）绣花头帕（图 3-26），包帕的方法是用正方形的包巾对角折叠之后把头巾的主图案放在头顶的位置，让头帕上的璎珞垂下来，非常美丽。绣花头帕有时也用于儿童的头饰，如图 3-27 所示。

图 3-24　楚雄倮倮支系的羊角包头

图 3-25　楚雄俚颇支系的羊角包头

图 3-26　绣花头帕

图 3-27　用于儿童头饰的绣花头帕

楚雄彝族男子的包头也独具民族特色，彝族男子在头顶裹以长达丈余的黑色或蓝色粗布条（图 3-28），大部分包头方法会在额头右前方缠一个长锥形，此种发式彝语称“兹体”，汉语称为“天菩萨”（图 3-29），因为这种包头的形式给人以英俊威武的感觉，俗语又称它为“英雄结”。“英雄结”源于古代彝族的英雄崇拜，古代彝族每次打了胜仗之后，就会将英雄结增加一圈布，立战功越多的男子头上的英雄结就会越粗、越长，因此，英雄结对彝族男子来说，是尊严和男子气概的象征。

图 3-28　楚雄彝族男子的包头

图 3-29　天菩萨

### 3.3.3　饰品

楚雄彝族头衣上的装饰品种类繁多，材料丰富，常见的有塑料纽扣、塑料珠、毛线穗、线球、丝带、贝壳、银泡等。有了这些饰品的点缀，彝族的头衣变得更加多彩、生动。图 3-30 ～图 3-32 所示的是各类饰品装饰的楚雄彝族女子头衣。

图 3-30　楚雄彝族女子头衣 1

图 3-31　楚雄彝族女子头衣 2

图 3-32　楚雄彝族女子头衣 3

## 3.4　绣花鞋

楚雄彝族男子的鞋多为素面，女子的鞋多为绣花鞋。绣花鞋一般由鞋底、鞋帮、鞋口、鞋后搭、鞋尖、鞋扣几部分组成。从结构上分类，可以分为圆头鞋、尖头鞋、船形鞋。圆头鞋的鞋头较宽，鞋帮高，有鞋扣，便于行走（图 3-33）；尖头鞋的鞋面较浅，部分鞋子没有鞋扣，方便穿着（图 3-34）；船形鞋的鞋面由两扇合成，鞋头有一尖角上翘，形似一艘小船（图 3-35），这种鞋子跟脚面的贴合度较好，舒适实用。楚雄彝族女子绣花鞋做工精细、色彩艳丽，既是劳作、赶集、节庆使用的日常生活用品，也是展现高超手工技艺的艺术品，具有极高的审美价值。

图 3-33 圆头鞋

图 3-34 尖头鞋

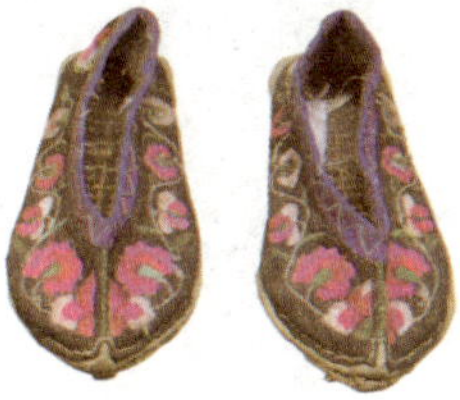

图 3-35 船形鞋

# 3.5 腰饰



## 3.5.1 围腰

彝族妇女的围腰既实用又美观，楚雄彝族妇女基本上每个人都系围腰，围腰不仅体现出她们追求美和热爱生活的心态，在她们的日常生活中也具有较强的实用性，彝族妇女用它来保暖、兜东西、占卜。系在腰间的围腰在劳作时可以挡风；在节日庆典时，围腰可以作为装饰来搭配服装，心灵手巧的彝族姑娘系着自己精心绣制的围腰去参加赛装节，围腰上精致的绣花凝聚着她们的聪明才智，使她们成为众人的焦点，巧手聪慧的姑娘总能得到彝族小伙的青睐；在日常生活中，彝族妇女衣服口袋放不了的东西可以兜在围腰里，方便又省力，这些便是彝族妇女喜爱围腰的原因。楚雄有些地区的彝族妇女还会用围腰来占卜，有时家里丢了牲口，她们就丈量围腰占卜出丢失的牛羊在哪座山，所以在彝族妇女的观念里，围腰还具有一些神秘的宗教色彩。楚雄地区的彝族围腰大致分为两种形态：一种是方形围腰（图 3-36），直接系在腰部；一种是“凸”字形围腰（图 3-37），面积相对方形围腰要大一些，除了腰部系带，上端还有一根绣花布带挂在脖子上，这种围腰保暖效果和装饰效果都比较好。

图 3-36　方形围腰

图 3-37　“凸”字形围腰

### 3.5.2　腰带

腰带在中国具有悠久的历史，作为中国历代各民族不可或缺的服装配件，腰带是人们身份和地位的象征，有其独特的实用性和审美性。经过长期的历史文化演变，腰带在现代已经不具备象征身份的社会功能，中国部分民族的腰带也朝着实用、方便的方向发展，没有明显的特色。而楚雄彝族的腰带依然展示着本民族浓厚的文化特点。楚雄彝族的腰带文化，源于彝族先民的尾饰之俗。追溯到原始时期，彝族先民在狩猎过程中需要披上兽皮来掩护自己，兽皮上长长的尾巴后来就演变为彝族服装上的装饰物，随着民族大迁徙，彝族先民的生活方式由游牧转变为农耕，尾饰的掩护功能消退，装饰功能开始凸显出来，并且朝着多样化的方向发展了起来。楚雄彝族妇女的腰带作为服装的重要装饰，制作精细，造型独特，图案内容丰富，色彩艳丽，与服装相映成趣。腰带一般都比较长，有单条的，也有多条一起系在腰上的，像尾巴一样拖在身后，行走或跳舞的时候腰带随着身体摆动，摇曳生姿，风情万种。图 3-38 ～图 3-40 所示的是楚雄彝族妇女的各式腰带。

图 3-38　楚雄彝族妇女的腰带 1

图 3-39　楚雄彝族妇女的腰带 2

图 3-40　楚雄彝族妇女的腰带 3

# 3.6 配饰

## 3.6.1 披毡

披毡是楚雄彝族的传统服装配件，是彝族的男女老少生活中不可或缺的物品，形似披风，由羊毛制成，披在肩上用肩带固定（图3-41），彝族人用它御寒、挡雨，非常实用。披毡不分男女式，各支系的款式也大致相同。

图3-41 披毡

## 3.6.2 挎包

挎包也是楚雄彝族必不可少的一件随身物品，楚雄彝族无论男女都喜欢挂一个绣花的挎包，既可以装一些随身物品，又对服装起到装饰的作用。楚雄彝族各支系的挎包风格、造型不尽相同，彝族妇女在绣制挎包的时候尽显精思，各式各样的图案和色彩搭配跃然于小小的挎包上，展现出姑娘们精湛的技艺。图3-42～图3-44所示的是楚雄彝族不同风格的挎包。

## 3.6.3 荷包

荷包是楚雄彝族妇女佩戴在腰间用于携带零钱、针线一类小物件的小包，以三角形的居多，表面绣有各式图案，下端用彩色飘带点缀，一般用于搭配彝族妇女的百褶裙，如图3-45所示。

图 3-42　楚雄彝族挎包 1

图 3-43　楚雄彝族挎包 2

图 3-44　楚雄彝族挎包 3

图 3-45　佩戴荷包的楚雄彝族妇女

### 3.6.4 背被

背被又叫背兜，是楚雄彝族妇女背小孩的主要工具。背被设计精巧，面幅宽大，可以将幼童身体包裹在里面，再用两端的带子交叉至母亲的胸前，而后环绕幼童的腿部，最后从前面打结在母亲的腰部固定，这种背幼童的方式可以使孩子的舒适度较高，而且还能将母亲的双手解放出来做事，因此背被是非常实用的生活用品。又因背被的利用率比较高，彝族妇女会在背被表面绣上象征吉祥、平安的图案，绣工精细的背被亦成为一种装饰品，充满了生机与活力，交织着深厚的母爱。图 3-46、图 3-47 所示的是楚雄彝族背被。

图 3-46　楚雄彝族背被 1

图 3-47　楚雄彝族背被 2

### 3.6.5 银饰

楚雄彝族用于搭配服装的配饰还包括一些首饰，这些首饰丰富多样，材质上有金、银、铜、玉、珍珠、贝壳、玛瑙、兽骨、兽牙、布料、塑料等。在这些材质里，彝族人更钟爱银饰。早年彝族地区用银锭作为货币，银子是彝族的祖传财产，是身份和财富的象征，彝族妇女用银子做成各种佩饰，在节庆之时佩戴，如银簪、银泡、银花、银珠、银耳环、银领牌、银项链、银腰链、银手镯、银戒指等应有尽有。这些银饰造型各异，琳琅满目，令佩戴它们的彝族女子光彩照人，成为节日里一道靓丽的风景线。图 3-48 所示的是楚雄彝族火把节期间佩戴银饰、穿节日盛装的彝族女子。

（a）

（b）

（c）

（d）

图 3-48　楚雄彝族火把节期间佩戴银饰、穿节日盛装的彝族女子

# 第4章 楚雄彝族服饰图案的题材内涵

楚雄彝族的服饰图案是楚雄的彝族妇女在长期的生活实践中创造出来的象征着彝族特有的民族文化的产物，反映出楚雄彝族丰富的民族风貌和独特的审美情趣。楚雄彝族服饰图案主要出现在彝族的服装、鞋子、背包和配饰上，根据载体的不同，图案的形态和工艺随之变化。这些图案题材众多，寓意丰富，色彩斑斓，工艺精妙，具有极高的艺术价值，蕴含着楚雄彝族质朴纯真的传统文化。

## 4.1 动物图案

动物图案在楚雄彝族服饰中极为常见，这源于彝族的动物崇拜。楚雄彝族服饰图案的发展与演变，与他们自身的民族信仰有着直接的关系，楚雄彝族的宗教和巫术是其民族文化的核心。在彝族的精神信仰中，一切的花草树木、山川河流、鸟兽鱼虫都是有灵性的，他们认为这些有灵性的事物能庇佑他们幸福安康地生活。在这种想法的支配下，彝族人对自然界中的动物是怀有敬畏之情的。在楚雄彝族的服饰图案中，虎、龙、凤、羊、蝴蝶、鱼、鸟、鸡等动物形象都有体现。



### 4.1.1 虎图案

虎文化是彝族图腾文化的核心，虎图腾是彝族的原生图腾。楚雄彝族把虎视为他们的造物主，认为虎是他们的祖先。在彝族的神话传说中，是虎创造了世间万物，并掌管彝族人的一切事务。所以，楚雄彝族创造了众多与虎相关的文化产物，如虎山歌、虎舞蹈、以虎命名的地名，以及服饰中的虎图案，图 4-1 所示的是楚雄州双柏县的“老虎笙”舞蹈。双柏县的彝族在跳这种舞蹈的时候会在身上绘制老虎斑纹或虎图案，也会披上麻布制成的“老虎衣”，并用肢体语言模仿老虎的动作，以虎的精神象征自己的民族精神——骁勇、强悍。因此，虎图案也成为楚雄彝族与祖先交流的精神纽带。楚雄彝族妇女把虎头的图案绣在孩子的帽子和鞋子上，祈求祖先庇佑孩子平安健康，也把虎图案绣在女装围裙和男装的褂子上，这些都是楚雄彝族对虎崇拜的具体表现，图 4-2 所示的是姚安县彝族儿童的虎头帽。

图 4-1 楚雄州双柏县的“老虎笙”舞蹈

图 4-2　姚安县彝族儿童的虎头帽

### 4.1.2　龙、凤图案

由于受汉族文化的影响，中国许多民族都会将龙和凤的形象作为吉祥的象征运用在建筑、家具、服饰艺术上。楚雄彝族也不例外，但龙和凤不是彝族的主要图腾，所以楚雄彝族的服饰图案中，龙和凤的形象只是偶尔出现，图 4-3 所示的是武定县彝族“二龙戏珠”土司马褥。

图 4-3　武定县彝族“二龙戏珠”土司马褥

### 4.1.3　公鸡图案

公鸡也是楚雄彝族的动物崇拜之一。楚雄彝族的神话传说中，有一个非常生动的关于公鸡的故事，相传彝族某一支系曾遭到“蜈蚣王”的袭击，是公鸡及时出现制服了“蜈蚣王”，拯救了这一支系的彝族人，从此以后，这一支系的彝族人为了感谢公鸡的恩德，就绣制鸡冠形象的帽子戴在头上，以示尊敬。其他支系的彝族听到这个传说后，也纷纷制作鸡冠帽。楚雄地区的部分彝族也佩戴鸡冠帽，图 4-4 所示的是武定县彝族妇女的鸡冠帽，帽子形似公鸡的鸡冠，顶部饰以毛线穗，底部配以扣饰，帽身上绣有色彩艳丽的花朵，极具装饰特色。

图 4-4　武定县彝族妇女的鸡冠帽

## 4.1.4　鱼图案

在中国各民族的民间服饰中，鱼的形象极为常见，经常作为装饰图案出现在服装和配饰上。中华民族对鱼的崇拜最早可追溯到六千年前的仰韶文化时期，鱼纹作为半坡彩陶的代表性纹样，不仅反映出新石器时代先民的生产生活方式，也是先民生殖崇拜的象征。远古人用鱼纹装饰器皿作为祭祀之用，以祈求渔猎平安、多子多福。而在中国的传统观念中，生儿育女与婚姻美满紧密相连，古代有男女鱼雁传书的习俗，情书又被称为“鱼书”，因而鱼形图案后来发展成为爱情的象征。受中国传统鱼形图案文化的影响，楚雄彝族的服饰中也常出现鱼的形态，图 4-5 所示的是楚雄彝族少女的鱼尾帽。同时，鱼图案也经常和其他的图案组合使用，成为楚雄彝族服饰中代表吉祥、美满的装饰性图案，如图 4-6 所示。

图 4-5　楚雄彝族少女的鱼尾帽

图 4-6　楚雄彝族妇女的鱼形鞋

### 4.1.5　鸟图案

楚雄彝族服饰的装饰图案题材众多，飞鸟的形象也以多样化的形式出现在配饰和绣花鞋上（图 4-7），除了杜鹃、喜鹊这些汉族也常用的、象征吉祥喜庆的鸟类题材，楚雄彝族还喜欢鹰图案。鹰在楚雄彝族的神话传说中是强大的、具有神力的，是力量的象征，彝族妇女常把鹰的图案绣于围腰、褂子和鞋子上。

## 4.1.6 蝴蝶图案

由于地理环境和气候的因素，云南地区的蝴蝶种类繁多，蝴蝶飞行时曼妙的姿态和蝴蝶身上美丽的花纹，都为云南本土的艺术家提供了极佳的素材。蝴蝶图案也是被云南少数民族最广泛使用的题材，楚雄彝族服饰图案中的蝴蝶图案形式变化多样，通常与花的形象结合在一起使用，彝族妇女用自己勤劳的双手和丰富的想象力，创造出了形态各异、色彩纷呈的蝴蝶图案，如图 4-8 所示。

图 4-7　楚雄彝族服饰上的飞鸟图案

图 4-8　楚雄彝族服饰上的蝴蝶图案

## 4.1.7 羊角图案

作为古代羌族的后裔，彝族对羊有非常特殊的感情。史书中对羌族的记载较多，其中，东汉许慎《说文解字》中提到：“羌，西戎牧羊人也。从人从羊。”《后汉书·西羌传》记载，羌人“所居无常，依随水草。地少五谷，以产牧为业”。可以看出，古代羌族居住的地方土地贫瘠，不适宜种植农产品，因此羌族以放牧为生，“羌”字也是由“人”字和“羊”字组合而成。后来羌族大规模南迁，在迁徙过程中更是与羊形成了依赖关系，对他们来说，羊即是财富，生活中的衣食住行都与羊有着密切的关系，彝族人披羊皮衣，过节吃羊肉的习俗都起源于那个时期。在彝族先民的价值观念中，羊比土地重要，可以充当一般等价物与其他物品交换，人们称之为“羊币”，羊越多，就意味着财产越多。彝族人婚嫁也以羊作为聘礼和嫁妆。这就是羌族的后裔彝族钟情于羊角图案的原因所在，羊角象征着财富，用羊角纹作装饰，寄托了彝家人希望家畜兴旺的美好愿望。

楚雄彝族服饰中出现的羊角图案以绵羊角为主（图 4-9），绵羊角的造型感和线条感极强，非常适合用作装饰图案。楚雄彝族服饰上还有一种旋涡图案（图 4-10），根据笔者考察分析，这种图案也是羊角图案的变形和衍生。

图 4-9　楚雄彝族服饰中的绵羊角图案

图 4-10　楚雄彝族服饰上的旋涡图案

### 4.1.8 犬齿图案

犬齿纹也叫作狗牙纹、狗牙边，是楚雄彝族服饰中极为常见的图案（图4-11），彝族人认为犬齿有辟邪的作用，故用犬齿图案作为服装的装饰以祈求平安。犬齿图案多为连续纹样，排列整齐有序，常与花卉、藤蔓图案搭配使用，与服装上的主图案互相映衬，相得益彰。

图4-11　楚雄彝族服饰中的犬齿图案

## 4.2 植物图案

受自然生态环境的影响，云南自古以来就被称为植物王国，云南中部、西南部的大部分地区四季如春，植物种类数不胜数。楚雄州地处滇中地区，得天独厚的气候条件使得各类奇花异草四季争艳。生活在楚雄地区的彝族人对于他们赖以生存的自然环境始终怀有崇敬和感恩之心，植物自然成为楚雄彝族服饰图案中所占比例最大的题材，彝族妇女用她们独特的审美情趣，使用抽象的手法把这些美不胜收的花草转换为色彩瑰丽的装饰图案，这些古朴自然的植物图案真实地再现了楚雄彝族的生存环境，也表达了彝族人民对大自然的热爱和对美好生活的向往。

### 4.2.1 马缨花图案

马缨花又名大树杜鹃花，生长于云贵高原的灌木丛中或松林下，花簇生于枝顶，花形呈圆形，是由数朵小花组合而成的团花，大红色居多，有少数粉色、黄色和白色花。马缨花耐旱、耐寒，有极强的生命力。在云南、贵州、四川三省有关彝族起源学说的重要典籍文献都曾记载，传说彝族始祖在远古时期洪水泛滥时，按天神指点用马缨花树做成独木舟，躲过灾难，使彝族得以繁衍生息。彝语把马缨花称作“咪依噜”，“咪”是茂盛的意思，“依噜”是汉语中的“花”。“咪依噜”是楚雄彝族的图腾，关于它还有一个动人的传说：一个彝家山寨里有位美丽的姑娘，名叫咪依噜，她与寨子里的一位彝族青年真心相爱，但不幸的是横行霸道的土司头人看上了咪依噜，这个土司头人是寨子里人人惧怕的恶霸，每年都会霸占寨子里年轻漂亮的姑娘做妾，咪依噜为了维护自己忠贞的爱情，也为了同族的姐妹不再受到伤害，她设下圈套让土司头人和自己一同喝下毒酒，与土司头人同归于尽。咪依噜为寨子里的百姓铲除了奸恶，也献出了自己年轻的生命。后来，埋葬她的山上开出了红艳艳的马缨花，彝家山寨的后人为了纪念这位勇敢、善良的姑娘，特定每年农历二月初八为插花节。这个传统沿袭至今，楚雄州大姚县昙华乡每年都举办大型插花节，彝族人从山上采摘马缨花，插在房门和农具上，祈祷人寿年丰；青年男女互相插戴马缨花定情，歌颂忠贞不渝的爱情；毕摩祭司在祭花神大典上诵读经文，祈求花神赐福；绣女把马缨花的图案绣在衣裙、帽子和鞋子上，象征着爱情的忠贞、生命的力量和生活的美好。

楚雄彝族所有支系的女装上几乎都会出现马缨花图案，根据图案装饰位置的不同，形状上略有差异，但是在用色方面一致选用红色，这也是源于“咪依噜”传说中红色马缨花的象征性。在创作手法上，有比较写实的马缨花形态，也有抽象表现的；有独立的马缨花装饰图案，也有与其他图案搭配的。图 4-12、图 4-13 所示的是楚雄彝族女装上的写实型马缨花和抽象型马缨花图案。

图 4-12　楚雄彝族女装上的写实型马缨花图案

图 4-13　楚雄彝族女装上的抽象型马缨花图案

### 4.2.2　山茶花图案

山茶花也是楚雄地区常见的花卉，颜色艳丽，形态优美，深受彝族妇女钟爱，山茶花图案在楚雄彝族服饰中占据的比例仅次于马缨花。彝族妇女喜欢在服装上大面积刺绣山茶花图案，使整套服饰产生花团锦簇、色彩斑斓的效果，如图 4-14 所示。

图 4-14　楚雄彝族服饰上的山茶花图案

### 4.2.3 其他花卉图案

除了马缨花和山茶花，楚雄彝族服饰上还有其他一些花卉图案。这些图案的创作灵感同样来源于彝族人对生活环境的观察，这些花卉都是楚雄地区的常见花卉，心灵手巧的彝族姑娘总是能将她们所看、所想的美好事物通过刺绣表达出来，异彩纷呈的花卉图案装点着她们的服饰。菊花、地莲花、石榴花、芍药花等花卉都是彝族绣女喜爱的题材，不同的刺绣者所创造的图案从构图、工艺和色彩运用上都会有差异，这也充分显示出楚雄彝族绣女丰富的想象力和极强的创新能力。图 4-15 ～图 4-18 所示的是各种花卉图案在楚雄彝族女装中的应用。

图 4-15　花卉图案在楚雄彝族女装中的应用 1

图 4-16　花卉图案在楚雄彝族女装中的应用 2

图 4-17　花卉图案在楚雄彝族女装中的应用 3

图 4-18　花卉图案在楚雄彝族女装中的应用 4

### 4.2.4　藤条图案

楚雄地区的彝族早年大多居住于山区，长期在高山密林中行走，藤条可以给他们提供很多便利，彝族青年可以攀上藤条缠绕的大树去采摘果子，也可以顺着藤条攀岩而下采集草药。藤条是楚雄山区的彝族人战胜艰苦环境的工具，它象征着楚雄彝族克服困难、不畏艰险的精神力量。楚雄所有支系的彝族服饰上几乎都会出现藤条图案，在衣襟、袖管、裤管等部位以连续排列的形式出现，配合其他装饰图案，显得十分灵动，如图 4-19 所示。

图 4-19　楚雄彝族服饰上的藤条图案

## 4.2.5　蕨叶图案

蕨类植物是云南地区各民族喜爱的食物。在楚雄地区，蕨类植物是彝族先民的重要食物来源，在彝族食物链中有着不可忽略的作用。古代彝族主要将蕨类植物的叶、茎加工为食，或以全草入药救治疾病和包扎外伤，因此彝族称其为“救命草”。楚雄彝族将蕨叶图案绣在衣服上，以祈求风调雨顺、丰衣足食。如图 4-20 所示，蕨叶图案一般不单独使用，大多与其他图案搭配，形成二方连续纹样，用于裤管、围腰等部位的装饰。

图 4-20　楚雄彝族服饰上的蕨叶图案

### 4.2.6 葫芦图案

葫芦是早期彝族人生产生活的重要物质资源，彝族先民食用葫芦，也会把葫芦放干之后去籽做成容器，还可以用作水上漂浮的辅助工具。彝族的三大史诗《梅葛》《查姆》《勒俄特衣》都记载着关于葫芦的神话传说。在这些神话中，葫芦象征着宇宙，象征着孕育生命的母体，是彝族的创世之祖，是彝族人去世后灵魂的归属物。彝族人对葫芦的崇拜也可以理解为对母体的崇拜、对生命的崇拜。楚雄州南华县、姚安县、大姚县一些彝族村庄的庙宇中和家堂上还供奉着木质或石质的葫芦女神，这就是母体崇拜的直观体现。葫芦浑圆的形象看似孕妇的肚子，而且葫芦多籽，彝族人用葫芦寄托“多子多福”的美好愿景；葫芦济水的特性也赋予了它“平安吉祥”的寓意，一些彝族人把葫芦形态的装饰物佩戴在身上，希望葫芦带给他们平安。

葫芦上小下大的曲线形态既实用又美观，楚雄彝族会在葫芦上绘制纹样，赋予它深层的文化寓意，如“吞口”，即虎头葫芦瓢（图4-21），在彝族人眼中，“吞口”具有驱邪降魔的作用。这种“吞口”的制作一般选用腰部凹陷不明显的葫芦，剖成两半之后在葫芦的凸面绘制虎头的图案，在巫术活动中作为面具使用。楚雄彝族制作的“吞口”形态各异，虎图形变化多端，色彩丰富。

图4-21 “吞口”

## 4.3 几何图案

几何图案是指非写实性的规则图案，以点、线、面为基本的构成元素，将一些事物进行变形、抽象和夸张，创造出的符合形式美法则的纹样。几何图案是人类最早使用的装饰图案，在我国新石器时代的彩陶器物中，就有大量几何图案应用的例子。几何图案历经各个历史时期，一直沿用至今，是延续时间最长的装饰图案。几何图案以形态简洁、造型有序、制作精美的特点被楚雄彝族人民所喜爱，是楚雄彝族刺绣中数量最多、流传最广、内容最为复杂的图案，普遍用于服饰的装饰。这类图案是楚雄彝族人民在长期劳动中对客观形态的归纳，也是部族历史和民族传统文化的缩影和再现。

### 4.3.1 八角图案

八角，是中国人常用的一种烹饪调料，又称大茴香，因为有八个角，故得其名。楚雄彝族服饰图案中有一种几何图案，在形态上和八角极为相似，因而被称为八角图案（图 4-22），这也是楚雄彝族几何图案取法自然的依据。

图 4-22　楚雄彝族服饰的八角图案

“八”在彝族的文化中，是一个特殊的数字，它的特殊性来源于彝族的传统纪年法“八方之年”和“十月太阳历”。“八方”是指东、南、西、北、东南、东北、西南、西北。“八方”的哲学基础是彝族的八卦太极图。彝族的“十月太阳历”就是按照“八方之年”的纪年法进行推算，将一年分为十个月，每月恒定为36天，另有5天单独核算为过年日，每隔三年，到第四个年岁时，多加一天为闰日，增加到过年日中，因此，十月太阳历的平年为365天，闰年为366天。按照此法计算，十月太阳历每年平均为365.25日，与地球绕太阳公转一圈的回归年长度365.2422日基本等同，历算结果科学准确，是世界文明史上的优秀历法文化。

同时，在彝族先民的心中，世界并不是一个单纯的自然空间形态，而是由四面八方的神灵组成的超自然空间。因此，八角形也成了楚雄彝族偏爱的形体，如楚雄禄丰县、牟定县等地的彝族使用的月琴就是八角形（图4-23）。楚雄彝族妇女常常在背包、披肩和背孩子的背被上绣八角图案，就是希望得到八方神灵的保护与庇佑，图4-24所示的是大姚县彝族的八角图案背包。

图4-23　楚雄禄丰县、牟定县等地的彝族使用的月琴

图4-24　大姚县彝族的八角图案背包

## 4.3.2 十字纹图案

“十”这个数字在中国的传统文化里有圆满的寓意，如成语“十全十美”。楚雄彝族在与汉族的杂居过程中，自然而然受到汉族文化的影响，对数字“十”有所关注。并且，十字纹的造型规律是对称和平衡，这和中国传统审美规律相适应，同时也符合形式美的造型法则。楚雄彝族妇女将十字纹的图案绣在背包和围腰上，与其他图案互相补充，相映成趣。图 4-25、图 4-26 所示的是大姚县彝族的十字纹图案背包。

图 4-25 大姚县彝族十字纹图案背包 1

图 4-26 大姚县彝族十字纹图案背包 2

### 4.3.3 人形舞蹈图案

楚雄地区的彝族热爱一种传统舞蹈“左脚舞”，每逢节日或重大活动，彝族人就会聚在一起，穿上盛装，弹着弦子，唱起左脚调，手拉手围着火堆跳起舞。这种“左脚舞”的起源有一个传说：很久以前，有一条恶龙在彝族坝子里兴风作浪，引发了洪灾，寨子里有一对名叫阿里和阿罗的青年男女，想出了一个好办法来制服恶龙，他们先把恶龙引进了一个地洞，号召乡亲们用石头堵住了洞口，再用泥土填埋，并在填埋好的地面上燃起篝火，大家围着篝火唱歌、跺脚，三天三夜之后，恶龙终于被捂死了，为了欢庆胜利，彝家人将恶龙的头、皮、筋、骨分解开来做成月琴，弹唱歌曲“阿里罗”，纪念阿里和阿罗这对聪明勇敢的彝家儿女。“左脚舞”就这样流传了下来，它不仅能锻炼彝族人健康的体魄，也能弘扬彝族的文化精神，在彝族人民的文化生活中占有极高的地位。

因此，反映楚雄彝族人民文化生活的人形舞蹈图案随之出现在彝族服饰中，它以抽象的、简化的几何图案形式出现，跳舞的人头部、身体都概括为简练的几何形，这种图案造型简洁、形态生动，深受彝族妇女的喜爱，绣女将它绣在衣襟或裤脚上作为装饰，展现出浓厚的节日气氛，如图 4-27 所示。

图 4-27　楚雄彝族服饰中的人形舞蹈图案

### 4.3.4　三角形图案

经过调查研究，笔者认为楚雄彝族服饰中的三角形图案源于彝族对山岳的崇拜。楚雄彝族大多居住在山区，对大山有强烈的依赖之情，山对于他们来说是衣食之源。彝族人把高山视为神灵的住所，每座山都是山神的化身，因此，他们把山当作神灵一样崇拜，并把山的形态抽象为三角形，绣在服饰上，通过三角形图案的重叠和连续排列，表现出重峦叠嶂的山系，表达彝族人对大山的特殊情感。图 4-28 所示的是楚雄彝族女装腰带上的三角形图案，图 4-29 所示的是元谋县彝族女装的三角形腰饰。

图 4-28　楚雄彝族女装腰带上的三角形图案

图 4-29　元谋县彝族女装的三角形腰饰

### 4.3.5 菱形图案

菱形图案在楚雄彝族服饰中应用广泛，变化丰富，常和其他的几何形图案结合运用，采用二方连续和四方连续的排列方法，将这种几何图案的规则性和装饰性发挥得淋漓尽致，图 4-30 所示的是大姚县彝族女装袖子上富于变化的各种菱形图案。

图 4-30　大姚县彝族女装袖子上富于变化的各种菱形图案

### 4.3.6 盘绦图案

盘绦，是指用彩色丝线织成的带子。盘绦图案源于中国传统绳艺，即用线或绳环绕、盘曲之后，首尾连接起来，形成无始无终的图样，象征着生生不息、长久永恒，是中国古代先民对生命的美好梦想，是中国传统吉祥观念的体现。从我国历代出土的文物中可以看出，盘绦图案从新石器时代就已经有了雏形，是彩陶器皿上的重要装饰图案，经过各个历史时期的发展，形成了丰富的形式语言，成为中国各民族最喜爱的图案之一。

楚雄彝族服饰上出现的盘绦图案以连续式的为主，运用重复构成的方式使图案产生节奏感和韵律感，用几何形的线条表达了意象之美，气韵生动，风情宛然，也蕴含了生命不息、福寿绵长的文化意蕴。图 4-31 所示的是永仁县彝族女装围腰和袖子上的盘绦图案，图 4-32 所示的是楚雄彝族女式帽子上的盘绦图案。

图 4-31　永仁县彝族女装围腰和袖子上的盘绦图案

图 4-32　楚雄彝族女式帽子上的盘绦图案

### 4.3.7　“回”形图案

“回”形图案是由古代陶器和青铜器上的雷纹演化而来的几何形装饰图案，是用短直线折绕而成的方形回环状纹饰，外形与“回”字十分接近。楚雄彝族服饰上的“回”形图案表现形式多种多样，有单体重复连续图案，也有一正一反组合连续图案，如图 4-33 所示。楚雄彝族用这种图案来象征“福气不断、富贵绵延”的美好寓意。

图 4-33　楚雄彝族背包上的“回”形图案

## 4.3.8　条形图案

条形图案是几何图案里构成形式最为简单的图案，楚雄彝族妇女用条形图案来填充主图案周围的空间，使用多彩的线条，让整体装饰图形富于变化，产生动感，图 4-34 所示的是武定县彝族麻织绣花挎包。

图 4-34　武定县彝族麻织绣花挎包

# 4.4 自然现象图案

在楚雄彝族的各种原始崇拜中，自然崇拜是一种常见的形式。远古时期，人们的生产能力低下，思维能力有限，对自然界中的很多现象不能理解，探究不出其产生的原因及发展趋势，因此，他们便将这些解释不了的自然物和自然现象视作具有超能力的神灵来顶礼膜拜。彝族先民认为，天、地、日、月、水、火、风、雷都是有神灵主宰的，而这些自然现象直接影响着人们的生产生活，为了求福避祸，就要通过一些祭祀和巫术活动祈求神灵的保佑。发展到后来，彝族妇女就将一些表现自然现象的图案绣在服装上，用于祈福并作为服装的装饰，表达了彝族人对大自然的热爱与向往。

## 4.4.1 火图案

彝族是一个崇拜火的民族。生活在高寒山区的楚雄彝族先民对火非常依赖，火在他们的生产生活过程中起着很重要的作用，他们用火照明、取暖、煮食物、抵御野兽攻击。楚雄山区彝族的家里常年放置着一个火塘，彝族人就在火塘边会客、议事和举行家庭的重要活动，他们认为火塘里的火与一家人的命运是息息相关的，所以火塘常年不熄。楚雄彝族世代与火相伴，彝族先民也赋予了火神圣的寓意，认为火可以驱散黑暗和魔鬼，带来平安和吉祥。这种思想来源于一个传说：远古时期，天神恩梯古兹每年都派凶恶的大力士史惹把和到凡间危害庄稼，人们对他又怕又恨，这时出现了一位力大无比的英雄阿曲拉玛，他帮助人们打败了大力士，但却激怒了天神，于是天神放出大量的害虫来祸害庄稼，阿曲拉玛带领大家点燃火把烧死了害虫，战胜了天神。为了纪念这个伟大的日子，彝族人民把每年的农历六月二十四定为祭火节，即“火把节”，每逢节日到来，彝族都会举行隆重的祭火大典，彝家人围着熊熊燃烧的火把载歌载舞，祈求来年丰收，表达了彝族人民对火的崇敬之情。

楚雄彝族服饰上出现的火图案，形态抽象简练，色彩明快，对比强烈，古朴大方，具有强烈的视觉冲击力，如图 4-35 所示。

图 4-35　楚雄彝族服饰上的火图案

## 4.4.2　太阳图案

太阳图案是一个古老的符号，是全世界各民族都在追寻与崇拜的图腾，在人类早期的原始绘画中，我们就可以看到大量的太阳图案。原始先民认为太阳是生命之源、万物之本、众神之神。楚雄彝族对于太阳图案的表现也可以追溯到很早以前。在楚雄万家坝出土的铜鼓上，就有太阳图案出现。彝族妇女将太阳图案绣在小孩的帽子或者背被上，表达了她们对幸福生活的向往和对美好未来的期盼，图 4-36 所示的是楚雄彝族太阳图案。

图 4-36　楚雄彝族太阳图案

## 4.4.3 水波纹图案

水是人类赖以生存的重要自然资源，无论是江河湖海还是山中潺潺流淌的小溪，都是大自然对人类的恩泽。楚雄地区的彝族享受着大山的恩赐，饮用山泉水的他们对水有着深厚的感情，故而在服装上绣上水波纹图案，以表达他们对大自然的感恩之心，图 4-37 所示的是楚雄彝族女装袖口上的水波纹图案。

图 4-37　楚雄彝族女装袖口上的水波纹图案

## 4.4.4 祥云图案

楚雄彝族服饰中还有一种较常见的自然图案，就是云彩图案，这在中国传统图案的名称体系中，通常被称为祥云图案。顾名思义，这种图案对于中国人来说是一种吉祥的象征，是运用抽象的手法，使用卷曲的线条表现出云彩的形象，有时单个图案应用，有时呈二方连续排列，表现出连绵不断的云海的深远意境，图 4-38 所示的是楚雄彝族女装围腰上的祥云图案。

图 4-38 楚雄彝族女装围腰上的祥云图案

# 4.5 文字图案

楚雄彝族长期与汉族杂居于各县市，在各个方面均会受到汉族文化的影响。具有美好寓意的汉字作为一种吉祥图案题材也经常出现在楚雄彝族服饰中，常见的有“寿”字、“万”字和“喜”字图案。

## 4.5.1 “寿”字图案

“寿”字是大多数民族都喜好用的汉字图案，楚雄彝族对“寿”字图案的喜爱，足以说明对长寿的追求和向往是每一个民族共同的心愿，图 4-39 所示的是楚雄彝族女装衣袖上的“寿”字图案。

图 4-39 楚雄彝族女装衣袖上的“寿”字图案

## 4.5.2　“万”字图案

“万”字图案实际上是一种宗教标志，它来源于图形“卍”，原本是梵文，意思是“胸部的吉祥标志”，在唐代武则天当政时期，正式用做汉字，此后，佛经将之写为“万”字，读音亦相同。“卍”常以图形的形式出现在中国各民族的装饰图案中，楚雄彝族妇女的围腰和帽子上就经常出现“卍”图案。还有一说认为“卍”图案与彝族的羊角占卜活动有密切联系，“卍”代表一对相交的羊角，是祭司占卜的法器，是求吉的“灵物”。因此，彝族人也把“卍”图案视作吉祥的象征，图 4-40 所示的是楚雄彝族四方八虎背被上的“卍”图案。

图 4-40　楚雄彝族四方八虎背被上的“卍”图案

## 4.5.3　“喜”字图案

和中国其他民族一样，楚雄彝族在婚庆活动中也使用“喜”字，用于表达对新人的美好祝愿，图 4-41 所示的是楚雄彝族女装衣袖上的“喜”字图案。

图 4-41　楚雄彝族女装衣袖上的“喜”字图案

# 第 5 章 楚雄彝族服饰图案的色彩文化

色彩是最能代表人们审美意趣的一种文化现象，我国各民族历来都擅长用色彩来表现自己的文化风貌。楚雄彝族历史悠久的色彩文化受到自然环境、宗教信仰、审美意识的影响，具有深厚的文化积淀，以楚雄彝族服饰图案为载体，表现出了它独特的魅力，成为楚雄彝族重要的精神财富。

## 5.1 楚雄彝族服饰图案色彩的历史文化渊源

色彩是人类文明的结晶，色彩的产生反映了社会生产力的发展，色彩的演变象征着人们审美观念的变更。原始人在新石器时代就学会了选择和运用色彩，将黑、白、红、黄几种基本颜色用在陶器的装饰上，伴随着由简到繁的色彩运用，人类从最开始的通过视觉感知色彩发展到了通过情感认知色彩，然后形成每个时代、每个民族不同的色彩文化特质。

在中国传统的色彩观念里，有“五色”之说，数千年前的古籍中就有“五色”的相关记载：《尚书》中有“采者，青，黄，赤，白，黑也”，《老子》中提到“五色不乱，孰为文采”，《庄子》提到“五色乱目，使目不明”，《荀子》中有“目好之五色”之说。老子说过“玄之又玄，众妙之门”，道家称黑色为玄色，是高贵神秘的象征。中国古代的“五色”说认为五色是色彩的本源之色，是一切色彩的基本元素。古人用色讲究等级，五色各有名分：青为首、赤为荣、黄为主、白为本、黑为终。首是先导，荣是华彩，主是主管，本是根基，终是归宿。五色又与五方、五行结合起来，形成了色彩的空间观念和象征意义：木东色青、金西色白、火南色赤、水北色黑、土中色黄。五色还与季节结合在一起，形成青春、赤夏、素秋、玄冬的时间概念。

从中国传统的色彩观念来看，五色是以时间和空间规律为主导，从自然观念中总结归纳出来的色彩意象。彝族传承了中国传统的五色观念，在漫长的历史变迁中，也形成了本民族特有的文化倾向，与中国传统色彩观念同中有异，异中见同。楚雄彝族服饰图案色彩丰富且对比强烈，这种色彩风格是随着历史的发展演化而来。彝族的祖先是古代羌族，古羌人的穿衣习俗尚黑、尚青，通常用黑色或深蓝色的布做衣服和包头；到了隋唐时期，彝族分为了“乌蛮”和“白蛮”，楚雄彝族的先民就是唐宋时期的“乌蛮”，也就是黑彝，黑彝继承了古羌族尚黑的遗风；楚雄彝族的服饰图案色彩逐渐丰富起来是从明清时期开始的，除了黑色和青色，开始出现了其他一些颜色，受自然环境和社会环境的影响，色彩也呈现出明显的地域化特征；民国时期的楚雄彝族与汉族交流日益增多，受汉文化影响较为明显，在本民族服饰图案色彩中加入了一些汉族的传统色彩，如黄色、紫色等；现当代的楚雄彝族服饰从用料到制作工艺都有了很大的进步，服饰上的图案色彩更加丰富，无论是机器加工还是传统手工彝绣，应用的色彩都是绚烂多姿，以最为直观的方式体现了楚雄彝族的审美文化。

## 5.2 自然环境对楚雄彝族服饰图案色彩的影响

从原始时期开始，人类就已经学会有意识地观察自然，并且运用自然界中的色彩装饰器物，美化生活，色彩表现出的是人们对自然界的认知印象和对自然生命的理解。自然色彩是自然界中天然形成的色彩现象，是人类在客观世界中能够直接感知到的色彩，蔚蓝的天空、碧绿的树叶、缤纷的花朵、美丽的彩虹，以及动物、昆虫身上的丰富色彩，都能促使人们产生无尽的联想，带给人们无穷的启迪。自然色彩属于天然的世界，它因为有了人的发现而具有了意义，人类将观察到的色彩进行分析和审美创造，从而使自然色彩具有了人文性。云贵高原的蓝天白云，山野里的绿树红花，是巧手聪慧的彝族绣女的灵感源泉，自然界丰富美好的色彩被巧妙地运用在她们创作的图案中，这些绚丽缤纷的色彩表现出楚雄彝族对大自然的热爱和对美好事物的向往。

楚雄彝族地区自然植物种类繁多，矿产充足，为楚雄彝族色彩丰富的染料获取提供了便利的条件。动物的血是彝族人最为原始的用色选择，人们直接用动物血涂抹身体，来完成最原始的宗教仪式。植物染色则是提取不同的草本植物的花、叶、茎、皮、根等部位，经过腐蚀加工，制成染料。这种方法在彝族传统服饰图案的印染中普遍应用。随着植物染色技术的发展，作为青黑色的主要染料的蓝靛草被大量种植，通过发酵工艺，用靛蓝染出来的青黑色牢固度很好，并且色彩醇厚自然，形成了楚雄彝族服饰染织的重要色彩。用天然矿石制作服饰的染料也是较为常见的方法，赭石、赤铁、朱砂用于染红色；石黄用于染黄色；石青染出来的蓝色比起植物染料更加艳丽。楚雄彝族取法自然，充分利用天然资源，用勤劳的双手创造出了缤纷的色彩世界。

同时，楚雄州地处滇中，属于高原地带，楚雄彝族生活的地区自然环境优美，气候特点变化多端。为适应气候的不同特点，生活在楚雄山林地区的彝族，服饰图案的色彩偏暗，底色以黑色、深蓝色为主，用料较厚，比较耐脏、耐磨；生活在坝区和河谷的彝族，服饰图案色彩较为清朗，以浅蓝色、浅粉色为底，上面用各色绣线装饰，这是楚雄彝族适应自然环境的体现。

## 5.3 宗教信仰对楚雄彝族服饰图案色彩的影响

楚雄彝族的自然崇拜使他们相信“万物有灵”，认为世间万物和所有的自然现象都是由神灵主宰的。彝人赋予了色彩浓厚的宗教意蕴，《西南彝志》卷四《论五行的起源》有描述：“在清气未升，浊气未降时，天地还未出现，一片空空旷旷的。经过一门变化，出现清气和浊气。清、浊二气相交，清气变成青色，浊气变成红色。青与红一对又起变化，一派青幽幽，红彤彤。再起变化，出现天和地。”由此可见，彝族认为宇宙起源于青与红这两种颜色。



在楚雄彝族的图腾崇拜中，老虎是位居第一的，彝人认为他们的祖先是一只黑虎，因此黑色也是他们眼中最为尊贵的颜色。中华人民共和国成立前的彝族有等级之分，黑彝是第一等级，他们是贵族，人口少，占地多，属于彝族的统治阶级；主持宗教仪式的毕摩身穿黑色的法衣，以示对祖先的尊敬；在祭祀活动中的祭器也都是黑色……以上可以看出楚雄彝族对于黑色的特殊崇拜。

## 5.4 楚雄彝族服饰图案色彩的象征性

色彩是具有情感的，也是最能给受众心理暗示和想象空间的，不仅在视觉表象上能给人以感官刺激，还能通过内在的含义使人获得心理上的满足。楚雄彝族在运用色彩的时候，是加入了本民族的自然观念和人生观念的，这些主观愿望使彝族的色彩具有了祈福迎祥的象征意义。楚雄彝族服饰图案上出现的这些色彩，是彝族长期生活智慧的结晶，也是宗教信仰的物化表现，彝人对色彩的认识转变为对世界、对生命的理解，他们把这些自我意识呈现在服饰图案的色彩上，使每一种色彩都具有了象征意义。

## 5.4.1 黑色

黑色在楚雄彝族的眼中是地位和权力的象征，彝族以黑为贵，以黑为美。楚雄彝族大部分支系的服装都以黑色为底，特别是参加重大活动穿着的盛装，以黑色为主色调的居多，黑色也象征着庄重、威严。图 5-1 所示的是楚雄元谋县彝族女盛装，服装整体以黑色为主，帽子没有图案，是纯黑色，黑色布底的上衣绣有色彩鲜艳的花朵图案，再配上蓝黑相间的百褶裙，系上黑布地的绣花围腰，外披黑色羊毛披毡，服装整体显得非常庄重典雅而不失情趣。图 5-2 所示的是楚雄彝族背被芯的一角，这组图案上出现了“卍”字纹，彝族人把“卍”图案视作吉祥的象征和神圣的灵物，这组图案全部用黑色绣线绣成，充满了威严和神秘的色彩。

楚雄彝族还有一种活动，叫“抹黑脸”，彝族人会在婚嫁活动中的接亲环节，用自家铁锅锅底的黑色锅灰互相抹脸，被抹得越多的人说明越受人尊重，脸越黑越预示着来年会交好运，这也是彝族人以黑为贵的民族观念的直接体现。

图 5-1　楚雄元谋县彝族女盛装

图 5-2　楚雄彝族背被芯的一角

### 5.4.2 红色

红色对于中国人来说，是喜庆吉祥的颜色，而对于彝族来说，红色更是象征着生命的色彩。红色是来源于太阳和火的颜色，彝族的创世史诗和民间传说中都记载着彝人对太阳的崇拜和对火的崇拜，他们将太阳视为生命的源头，将火视为生存之本。在人类社会发展的漫长岁月中，人们学会了用火取暖、照明、加工食物、驱赶野兽、消灭害虫，因为有了火，人们逐渐掌握了新的生存技能，生活质量得到了大大改善，火给人类带来了光明和希望。每年的农历六月二十四，是楚雄彝族传统节日——火把节，也是彝人的祭火节，火把节是最为重大的彝族传统节日，彝族人在这个节日里祭祀火神，合家团聚，杀牛宰羊，载歌载舞，热闹非凡，充分体现出他们对火的崇敬之情。图 5-3 是笔者于 2016 年火把节期间在楚雄拍摄的节日庆典活动现场。

图 5-3　2016 年楚雄火把节节日庆典活动现场

同时，在楚雄彝族的心中，红色也是热情和勇敢的象征。古时少数民族为了生存，难免会有战争，在战争中牺牲的彝族勇士身上流出的鲜血，是他不畏强敌的精神体现；楚雄彝族关于马缨花传说中的壮美故事，也体现了鲜红色马缨花带给彝人的精神鼓舞。在楚雄彝族女装上，马缨花是最常见的图案之一，各个支系马缨花图案的形态略有不同，并根据图案所在的部位调整花形结构，但在马缨花图案的用色上，却是完全一致的，均用红色绣线。图 5-4 所示的是楚雄彝族女装围腰上的红色马缨花图案，图 5-5 所示的是楚雄彝族红色马缨花满绣背被。鲜红色的马缨花象征着勇敢和正义，也体现了彝族人的热情，成为彝族人最喜欢的、吉祥美好的图案。

图 5-4　楚雄彝族女装围腰上的红色马缨花图案

图 5-5　楚雄彝族红色马缨花满绣背被

## 5.4.3　青色

青色是中国传统色彩体系中对蓝色的称谓方式。彝族人认为青色与红色是宇宙起源的颜色，因此赋予了青色一定程度的神秘色彩；同时，生活在高原的楚雄彝族常年看到的是湛蓝的天空，对青色自然会产生一种亲切感，会用青色象征广袤的天空。楚雄彝族服饰图案中，青色通常是作为底色出现的，有时也作为刺绣和挑花的补充色彩用作装饰，使图案风格清新淡雅。图 5-6 所示的是楚雄彝族青色布底背被，图 5-7 所示的是青色绣线搭配的彝族背包图案。

图 5-6　楚雄彝族青色布底背被

图 5-7　青色绣线搭配的彝族背包图案

### 5.4.4 黄色

楚雄彝族喜欢在服饰图案中使用黄色，一方面源自汉族文化的影响，汉族传统文化中的黄色是富贵之色，历代帝王的龙袍都是黄色的，象征至高无上的皇权；另一方面源自生活，稻花飘香、麦浪翻滚的景象总是会让人心生愉悦，所以楚雄彝族用黄色来象征丰收和富足。图 5-8 所示的是楚雄彝族女装围腰上的黄色绣线边饰图案。

### 5.4.5 白色

在楚雄彝族服饰图案的色彩中，白色是象征健康、积极、美好的颜色，通常作为图案的底色，在上面用五彩绣线绣出图案，多彩的图案在白色底布的映衬下显得更加明艳动人（图 5-9）。

图 5-8　楚雄彝族女装围腰上的黄色绣线边饰图案

图 5-9　白色绣线绣出的彝族服饰图案

## 5.5　楚雄彝族服饰图案色彩的装饰性

楚雄彝族服饰的图案美不胜收，与这些图案中丰富的色彩是分不开的，这些色彩象征着民族精神，传承着民族文化，对比强烈，有着极强的装饰性。

楚雄彝族服饰图案的色彩非常讲究对比与调和的关系，一组图案中的几种颜色通常在色相上差异较大，以此形成鲜明的对比，产生视觉冲击力，同时又运用近似色进行调和，使图案整体平衡，如图 5-10 所示。在色调方面，有黑色和深蓝色为主的典雅色调（图 5-11），也有色彩纯度较高的明艳色调（图 5-12），还有以浅色为主的素雅色调（图5-13）。每一种色调都具有其独特的装饰效果，与图案相得益彰，在楚雄彝族的服饰上大放异彩。

图5-10 彝族服饰图案色彩的对比与调和

图5-11 深蓝色调的彝族围腰

图5-12 明艳色调的彝族女帽

图5-13 素雅色调的彝族围腰

## 5.6 楚雄彝族服饰图案色彩的搭配方法

楚雄彝族服饰图案的色彩丰富，变化多样，以黑、红、青、黄、白为主的五彩色系协调搭配，或古朴庄重，或明快素雅，或艳丽绚烂，都给人以赏心悦目的视觉感受，成为独特的民族符号，展现着它无穷的魅力。楚雄彝族的绣女之所以形成了她们自己独特的色彩观，其大部分原因来自自然的色彩搭配理念，因为她们并没有系统地学习过色彩学，也没有受过专门的色彩设计训练，她们在进行色彩搭配的时候完全是在尊重自然的基础上，由心而发，抒发情怀。有民间配色口诀称“黄身紫花，红马绿鞍”，这正好与色彩学中的补色对比概念相符，由此可见，色彩的和谐是归于自然的，是由心而生的。

刺绣是楚雄彝族服饰图案的主体工艺，绣线的色彩搭配和工艺手法都会直接影响刺绣图案的呈现效果，所以，色彩的搭配自然成为刺绣工艺里最重要的美学要素。楚雄彝族在搭配绣线的色彩时，常用的方法有近似色搭配和互补色搭配。近似色搭配是运用色相接近、深浅不一的绣线进行有机组合，使之形成渐变的色彩效果，从而使图案产生丰富的层次感。这种绣线色彩的搭配方法通常用于表现层次较为丰富的花瓣，如图 5-14 所示。互补色搭配是运用一组或几组互补色进行组合，使图案产生强烈的色彩反差，形成对比，更加突出主体形象，起到强调主题的作用。图 5-15 所示的是楚雄彝族背包上的图案，这组图案运用了红绿互补色进行组合，将主体形象凸显了出来，强烈的色彩对比成功地引导观者把视觉中心放在了面积较大的红色几何图形上。图 5-16 所示的是楚雄彝族女装衣襟上的图案，同样也是运用了红绿互补色，但由于图案种类较多，同时出现了几何纹样、寿桃纹样和花朵纹样，只用两种颜色必然会显得单调乏味，因此在红绿互补色的基础上，又加入了用于调和的黄色，以及黄色和红色的近似色——橙色，几种颜色的搭配使几组图案有机融合到了一起，整齐有序又不失情趣，充分体现出了彝族绣女搭配色彩的高超技艺。

图 5-14　近似色搭配的花瓣图案

图 5-15　楚雄彝族背包上的图案

图 5-16　楚雄彝族女装衣襟上的图案

# 第6章 楚雄彝族服饰图案的工艺

楚雄彝族妇女心灵手巧，在长期的生产生活过程中创造出了丰富多彩的服饰图案文化，这些图案都是通过传统手工技艺设计制作而成的，因此传统手工技艺的练习成为传统彝族妇女生活的重要组成部分。在过去电视机还没有普及之前，彝族妇女将绣花制衣作为主要的休闲娱乐活动，农闲时节在楚雄地区的彝族村寨，随处可见三五成群的彝族妇女聚集在一起绣花，聊天，交流技艺（图6-1）。在彝族的重大庆典如火把节、彝族年等节日期间，楚雄各地都会举行赛装活动，这不仅让彝族妇女的超群技艺有了一个展示的平台，也让各地游客感受到了彝族民间艺术的独特魅力。

图6-1　聚集在一起交流技艺的彝族妇女

楚雄彝族服饰图案设计制作的主要工艺是刺绣。刺绣文化在中国有着悠久的历史，是中国丝绸文化的重要组成部分。中国丝绸文化起源于仰韶文化时期，众多考古发掘的文物可以印证这一点。1926年，考古学家在山西夏县西阴村的仰韶文化遗址发掘了半颗蚕茧。1949年以后，在长江流域和黄河流域的大量出土文物中均发现了仰韶文化时期的丝线、丝带和丝织物。中国刺绣工艺从周朝开始出现，秦汉时期达到第一个高峰，出土于湖南长沙马王堆汉墓的丝织品制作精良，绣工精湛；到了唐宋时期，随着社会经济的发展，刺绣技术也日趋完备，刺绣不仅仅作为服装和日用品的装饰，也成为精美的艺术品；明清时期的刺绣则开始出现了不同的地方特色，各民族的刺绣开始有了自己独特的技法和偏好的图案。楚雄彝族服饰图案的刺绣技法相当丰富，而且由于服饰的图案非常讲究布局技巧，图案的装饰部位根据耐用和美观两个标准去选择和布局，因此会根据各个装饰部位需要达到的标准，来选择不同的刺绣工艺。

楚雄彝族服饰图案的刺绣工艺主要有平绣、挑花、扣针、打籽、叉针、穿珠绣、滚边绣和镶补绣。

## 6.1 平绣

平绣是楚雄彝族刺绣中最为常见的针法，应用也最为广泛。通常是用纸剪出各种绣花图案，贴在绣片上为底样，然后沿剪纸图案绣出整齐而密集的线条，将纸样完全盖住，形成一个完整的刺绣图案，但由于剪纸需要极强的技术性，所以许多彝族妇女采用直接在绣片上画图案并沿图案完成刺绣的方法。这种针法绣成的图案均匀细腻、绣面结实饱满、颜色过渡自然，主要用于表现花瓣、叶片、鸟类的羽毛等形态。图6-2、图6-3所示的是彝族绣花底样剪纸，图6-4所示的是采用平绣的方法绣成的花瓣图案。

图6-2　彝族绣花底样剪纸1

图 6-3　彝族绣花底样剪纸 2

图 6-4　采用平绣的方法绣成的花瓣图案

## 6.2　挑花

挑花技法类似于现代的十字绣针法，但布料不像十字绣布那样经纬分明，一般采用经纬纹路相对明显的平布作为挑花布，挑花时依据布料的经线和纬线交叉形成的网眼，上下两针斜角相交，用绣线挑出“X”形，并以此作为完整图形的基本单位，曲直转折形成整体的图案格局，并延伸组合成各种造型的图案。挑花所形成的图案趋向于几何化，是几何图案最常用的制作工艺，本书前面提到的八角纹等几何纹样都是用挑花针法绣成的。这种针法的优势在于可以构成许多繁复精细的、符号化的图案，使整体布局复杂而有序，协调而精致。图 6-5 所示的是楚雄彝族女装袖口的挑花图案。图 6-6 所示的是楚雄彝族女装腰带上的挑花图案。

图 6-5　楚雄彝族女装袖口的挑花图案

图 6-6　楚雄彝族女装腰带上的挑花图案

# 6.3 扣针

扣针技法的原理是连续的直针绣，后面一针从前面一针的尾部中间穿过，扣在前面一针上，如此反复循环，形成连续的线条。这种针法通常用于表现植物的根茎，能够体现出极强的肌理感。图 6-7 所示的是楚雄彝族女装围腰上的花朵图案，其中连接花朵的花茎就是用扣针技法绣成的，因为这是一组二方连续纹样，主体形象是平绣的花朵，用扣针绣花茎的时候只用了单排，起到了连接和协调整体图案的作用。图 6-8 所示的是楚雄彝族女装裙摆上的植物图案，这是一组用平绣和扣针技法结合完成的图案，图案下方两棵树的树干用三排扣针绣成，树枝用单排扣针绣成，这样的处理方式符合植物生长的自然规律，也使图案富于变化之美；在绣制花朵形态时，平绣与扣针相结合，再加上合理的色彩搭配，使花朵图案自然大方而又充满了肌理的变化，令人赏心悦目。

图 6-7　楚雄彝族女装围腰上的花朵图案

图 6-8　楚雄彝族女装裙摆上的植物图案

# 6.4 打籽

打籽就是将线打成结，在布面上形成一个一个的点。打籽技法所用的线和其他针法用线不同，一般都用毛线，这样打出来的籽较大，更加具有立体感。图 6-9 所示的是楚雄彝族腰带上的打籽图案，图案的中心是平绣的花朵和蝴蝶形态，花瓣和蝴蝶的翅膀上用白色毛线打籽作装饰，周围用彩色毛线打籽，形成抽象的羊角纹和几何纹饰，整个图案生动立体，有极强的装饰感，堪称一件非常精美的艺术作品。

## 6.5 叉针

叉针又称为长短针，是长针和短针结合在一起，互为一体的刺绣技法。这种技法常用于表现色彩变化丰富的花瓣形态，所以通常会用两种颜色的绣线进行相对排列，使这两种颜色的线条互为长短针，如图 6-10 所示。叉针技法非常耗时费工，也极其考验绣女的技艺，绣工好的叉针图案看起来线条交错但不混乱，线条的长短控制得恰到好处，层次分明，过渡自然，给人以极其舒适的视觉效果。

图 6-9　楚雄彝族腰带上的打籽图案

图 6-10　使用叉针的花瓣图案





## 6.6 穿珠绣

穿珠绣在楚雄彝族地区是一种特别常见的刺绣技法，是将一些颗粒状物订在服饰上做装饰的方法，颗粒物的材质主要有银、铝、塑料、线球等，这些立体的材料对服饰上的图案起到了补充和装饰的作用，使图案显得更加华丽和精致。图 6-11 所示的是楚雄彝族女性发饰，一条绣满植物图案的带子周围用穿珠绣的方法绣上了方形的小亮片，上沿用毛线球装饰，下沿缀着白色的珠串和彩色的线束，整个发饰不再局限于平面的图案，立体的装饰物使其充满了生机与活力。图 6-12、图 6-13 所示的是楚雄彝族女帽，帽子表面绣上的珍珠与底层的图案相辅相成，是天资聪慧的彝族绣女

图 6-11　楚雄彝族女性发饰

丰富想象和精巧技艺的完美体现。

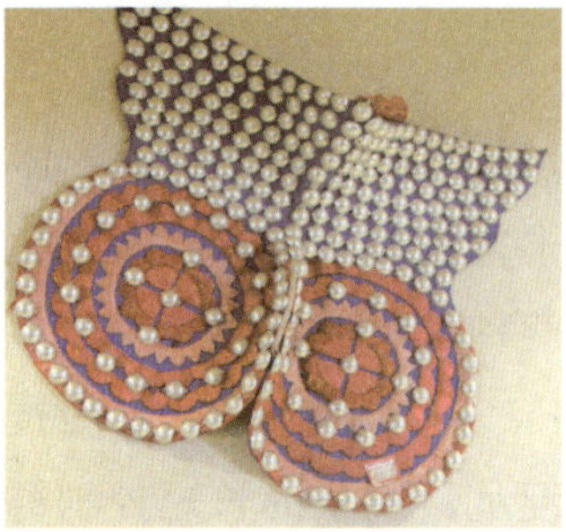

图 6-12　楚雄彝族女帽 1

图 6-13　楚雄彝族女帽 2

## 6.7　滚边绣

这种刺绣技法是用红、绿、黑、白、黄等色布，剪成约 1 厘米宽的条状之后缝合成断面呈椭圆形的长布条作基料，然后在一些彩色布料上贴上厚纸，裁剪出连续的图案，再把这些图案贴在有强烈色彩对比的底布上，最后按照规划好的图案花纹，沿着图案的边缘绣上立体的布条，将贴花和底布缝在一起，并形成凸起的滚边，缀于衣领、袖口、衣襟、围腰、裤脚等部位。图 6-14 所示的是楚雄彝族女性围腰上的滚边绣图案。这种技法绣成的图案形状醒目，线条流畅，具有半立体的效果。

图 6-14　楚雄彝族女性围腰上的滚边绣图案

## 6.8　镶补绣

镶补绣是楚雄彝族刺绣工艺中一种特殊的手法，镶补一般是先用不同颜色的花布剪好需要的图案，然后把这些花布缝在特定的位置上，将花布的毛边缝进去，使花布与底布融为一体。图 6-15 所示的楚雄彝族围腰，上面的图案就采用了镶补的工艺，图案层次分明，对比强烈，风格古朴，造型生动，给人很强烈的视觉冲击力。另外，有时为了增强图案的立体感，还会在图案的边缘沿轮廓扣锁、绣金银边，使图案更显得富丽堂皇而有质感。图 6-16 所示的楚雄彝族女装下摆的马缨花镶补图案，采用各色花布料垫底，再加上立体金边的装饰，使马缨花图案增添了几分富贵之气。

图 6-15　楚雄彝族围腰

图 6-16　楚雄彝族女装下摆的马缨花镶补图案





## 6.9　其他工艺

除了以上几种主要工艺之外，还有几种不是很常见的楚雄彝族服饰图案的制作工艺，如单线绣和蜡染。图 6-17、图 6-18 所示的楚雄彝族围腰带上的图案，就是用单线绣制而成，底布的蓝色配上白色单线，显得简洁大方。图 6-19、图 6-20 所示的是双柏县车苏支系彝族女装裤脚上的蜡染图案，这种工艺在楚雄其他地区的彝族服饰图案中都不常见，与其他刺绣图案相比，这种图案可谓一枝独秀，在其他众多色彩明艳的图案中，显现出蜡染工艺清新淡雅的艺术特点。

图 6-17　楚雄彝族围腰带上的单线图案 1

图 6-19　双柏县车苏支系彝族女装裤脚上的蜡染图案 1

图 6-18　楚雄彝族围腰带上的单线图案 2

图 6-20　双柏县车苏支系彝族女装裤脚上的蜡染图案 2

另外，随着时代的发展，机器化生产应运而生，20 世纪 80 年代末，缝纫机开始在楚雄彝族山寨普及，但主要功能只是用于缝合布料制作衣服。21 世纪以来，绣花机的大面积普及应用，已经基本能够模仿传统刺绣的全套工艺，通过电脑设计好刺绣纹样之后，多台绣花机同时运作，绣花速度极快，同时实现了批量化生产。但是，机器绣制的图案虽然表面看起来平整，与传统手工绣品相比，还是会有很多瑕疵。例如，不同的图案之间会有一根线连在一起（图 6-21），这是因为机器刺绣为了保证速度，不能频繁地断线，而手工刺绣在绣制不同图案之前是要将上一个图案的线先剪断的。我们不难看出，机器刺绣虽然适合商品批量生产，但从刺绣图案的技术性和艺术性方面来看，都是无法和传统手工刺绣相提并论的。再加之现代的彝族女性接触了越来越多现代化的东西之后，很难再像她们的祖辈那样沉得下心来学习一门传统技艺，穿着打扮也开始走向城市化。能掌握一流传统绣工的彝族妇女越来越少，彝族传统刺绣面临很大的困境。

图 6-21　机器绣制的图案

2016 年 10 月 28 日，“七彩云南（国际）民族赛装文化节楚雄彝族特色服装展示暨马艳丽高级服装定制 2017 作品发布会”，在“2016 中国（北京）国际时装周”舞台上惊艳亮相，赢得满堂喝彩。国际名模、著名服装设计师马艳丽在亲历了农历正月十五的永仁直苴赛装节的盛况后，就被彝绣之美深深吸引，她展示了 50 套以彝绣元素为主题的高级定制时装，而来自楚雄的彝族绣娘也为大家现场展示了自己的彝族刺绣工艺和彝族绣品。马艳丽说，这 50 套彝绣时装是发布会的主要展示服装，她从古老的彝族刺绣中提炼出最具特色的图案及元素，通过现代工艺将传统的刺绣赋予新的活力。这是七彩云南（国际）民族赛装文化节活动的进一步延伸，也是历史悠久的楚雄彝绣工艺从小山村迈向国际 T 台的重要一步。笔者认为，传统彝族刺绣作为楚雄彝族服饰图案的主要工艺，不仅具有实用价值和审美价值，还具有较高的市场价值，无论是从传承民族手工艺的角度还是从发展市场经济、开发旅游产品的角度来看，都是值得我们保护和发扬的。

# 第7章 楚雄彝族服饰图案的功能

楚雄彝族服饰图案复杂的工艺彰显出了楚雄彝族多彩的传统文化，而这些图案的功能性，则使得楚雄彝族的文化更加具有深层次的价值。

## 7.1 实用功能

从原始时期开始，艺术的起源就是建立在实用的基础上的，从新石器时代的彩陶艺术到唐宋时期的刺绣，再到现代的各类艺术作品，任何一种优秀的设计作品都是先具备实用功能，再有其审美功能。楚雄彝族服饰上美轮美奂的图案，是源自彝族绣女对生活的用心体会和对艺术的自然表达，是与楚雄彝族的生活密切联系的、具备实用功能的艺术作品。

笔者经过仔细观察后发现，楚雄彝族服饰中出现的图案主要分布在领口、袖口、衣襟、围腰、背被、裤脚、鞋头等位置，有生活经验的人都知道，这些部位都是在劳作的过程中非常容易产生摩擦而破损的部位，彝族妇女根据生活中积累的经验，将这些容易损坏的部位进行加固、加厚，加厚的主要方法就是在这些部位用不同的技法绣制图案和贴布花边，当这些花边和图案出现破损时，可以拆下来重新缝一条新的，这样做既加固了服装的局部，又很方便，而且显得美观。围腰是楚雄彝族妇女不可或缺的生活用品，也是实用价值与审美价值并存的重要装饰品。早期彝族妇女在劳作过程中发现衣裙的腰部特别容易磨损，而且做饭时也容易沾上灶台上的油污，很难清洁，如果系上一条宽大的围腰，就能避免污渍沾染衣物，起到保护的作用，比起一套绣工复杂的服装，围腰的加工制作就相对容易一些，因此，彝族妇女都喜欢系围腰来保护她们的衣物。围腰的样式也多种多样，上面装饰的图案异彩纷呈，但彝族围腰有一个共同的特点，就是用于制作围腰的布料都比较厚，底布以深色的为主，围腰边上还会用贴布绣的方法加固，各式花边和图案强化了围腰耐磨和防护的实用价值，图 7-1 所示的是楚雄彝族妇女的马缨花图案围腰。

图 7-1　楚雄彝族妇女的马缨花图案围腰

楚雄彝族服饰图案的实用功能还可以从精神层面去解读。例如，楚雄彝族将他们的图腾崇拜体现在服饰图案中，是他们表达自己的精神情感和宗教信仰的一种方式，图 7-2 所示的虎头帽，就是楚雄彝族用虎图腾来表达对祖先崇拜之情的例子，对于彝族来说，这顶帽子上的老虎图案是具有实用功能的，因为它可以庇佑小孩免受灾祸，象征着一种强大的精神力量。再如，楚雄彝族的绣花鞋垫，鞋垫上面的绣花图案不仅可以使鞋垫更加牢固，还可以在行走过程中起到按摩脚底的作用，更重要的是这些图案象征的美好寓意，是楚雄彝族向往美好幸福生活的情感表达。图 7-3 所示的楚雄彝族绣花鞋垫，上面的石榴花图案寓意婚姻美满，多子多福，充满了喜庆吉祥的色彩，这样的鞋垫是彝族姑娘送给心上人的绝佳礼物，也是嫁妆的必备品。通过以上例子我们可以看出，楚雄彝族服饰图案的实用功能包括物质层面和精神层面两方面，这两个方面都是与彝族人民的生活密切相关的，也体现了彝族人的精神诉求。

图 7-2　虎头帽

图 7-3　楚雄彝族绣花鞋垫



## 7.2　标识功能

服饰图案的标识功能在中国服装史上是很常见的，如明清时期官员官服上的补子图案，就是用于识别官员等级和官职的一种重要标识，文官与武将的补子图案不同，文官补子绣飞禽图案，武将补子绣猛兽图案，又根据官员的品级来划定不同的飞禽与猛兽，这就是中国传统服饰图案标识功能的体现。与中国其他民族服饰一样，楚雄彝族服饰具备极强的标识功能，不仅区别于其他民族服饰，在本民族各支系之间也能看出差异。而服饰图案作为服饰的重要组成部分，亦可以辅助识别楚雄各个支系的彝族。楚雄各支系彝族服饰图案的题材差别不大，通常是通过观察图案的构成样式来区分各支系。同时，楚雄彝族女性也通过服饰的图案来识别婚姻状况，如大姚俚颇支系女子可以从围腰的图案来区分婚否，婚前系的围腰上图案多为满绣，繁缛秀丽，几乎不留底色，而婚后的围腰中心部位基本不绣任何图案，只是边缘有少量的角隅纹样。

## 7.3 审美功能

楚雄彝族服饰的图案对于彝族人来说，主要体现的是它的实用功能和标识功能，但对于外界的欣赏者或者研究者来说，看到更多的则是它的审美功能，而审美功能的体现是源自彝族绣女创造的图案的意象。中国传统美学中阐释的“意象”的概念是“情”与“景”的交融，彝族绣女将她们在日常生活中观察到的客观物象融合自己的想象与情感，通过图案的方式表达出来，让观者能够体会其中的意境，并欣赏这种独特的意象之美。例如，楚雄彝族服饰图案中极为常见的马缨花图案（图 7-4、图 7-5），站在欣赏者的角度，首先会被花朵的形态和色彩吸引住，因为花卉形态源于自然，极易使观者产生心理共鸣，然后那些富于变化的图案造型，或概括简练，或夸张变形的表现手法，给人以强烈的审美感受，吸引着观者不由得想去探寻彝族的文化，去领悟这些有意味的表现形式丰富的内涵。

虽然每一个人对同一件事物的审美体验会有所差异，但只要是能带给人愉悦的审美体验的作品，就是具有审美功能的。楚雄彝族服饰图案的审美功能主要体现在它能给观者带来独特的审美体验，使观者产生审美愉悦。这些图案源于自然，生动质朴，再加上彝族绣女赋予它的深刻寓意，实现了情景交融的独特意象之美，对于生活在城市中的人们来说，这种具有民族特色的图案，无疑是具有强大的视觉冲击力和丰富的审美体验的。图 7-6 ～图 7-13 所示的是楚雄彝族服饰上的各式图案。

图 7-4　楚雄彝族背被上的马缨花图案

图 7-5　楚雄彝族腰带上的马缨花图案

图 7-6　楚雄彝族服饰上的图案 1

图 7-7　楚雄彝族服饰上的图案 2

图 7-8　楚雄彝族服饰上的图案 3

图 7-9　楚雄彝族服饰上的图案 4

图 7-10　楚雄彝族服饰上的图案 5

图 7-11　楚雄彝族服饰上的图案 6

图 7-12　楚雄彝族服饰上的图案 7

图 7-13　楚雄彝族服饰上的图案 8

# 第8章 楚雄彝族服饰图案的文化传承

民族是文化的载体，而社会是民族文化发展的根基。随着楚雄彝族地区的社会、经济、文化的发展，尤其是市场经济大潮的影响，人们对市场的依赖性增强，现代楚雄彝族人的价值观也发生了很大的变化。尤其是年轻人的求富意识和求知意识在外界信息的强烈冲击下表现得分外突出，他们对生活、审美、文化都有了与祖辈完全不同的理解。在外来文化的冲击下，传统的楚雄彝族服饰图案文化面临着传承危机。

## 8.1 楚雄彝族服饰图案文化的现状

楚雄彝族的传统服饰文化之所以能世世代代地流传下来，很大程度上是因为楚雄彝族大部分都居住在偏远山区，山区彝族对外界知之甚少，他们的价值判断和价值选择就局限在祖辈所创造的文化。但是自20世纪80年代以来，中国逐渐由封闭转向开放，少数民族传统观念与现代意识的冲突，直接推动了民族文化变化的进程。近年来，楚雄彝族地区的过剩劳动力大批加入到外出打工的行列。在楚雄彝族的山寨中，60% 的青年人外出打工，在工作的同时，他们也逐渐接受了经济发达地区的价值观念。另外，科技的发达也加速了楚雄彝族传统文化的变迁。电视、手机等媒介进入楚雄彝族的家家户户，拉近了边远地区与文化中心地区的距离。与几十年前相比，楚雄彝族人民的生活有了很大的改变，随之相应改变的是他们的心态。以前家务劳动一直是楚雄彝族妇女的专职工作，随着缝纫机、化学染料、机织布等设备和材料的大量涌入，妇女从繁重的手工劳动中解放出来，并从开放式的生活方式中体验到现代化的舒适，她们开始经商，年轻的还成群结队外出打工，过去劳作一天后聚在一起纺织刺绣的生活方式被打破。这在一定程度上导致了民族文化资源的废置，具体表现在传统的种棉、养蚕、纺纱、织布、染料种植等活动的减少。青年一代的楚雄彝族女子不再像她们的长辈那样虔诚地花费时间、投入精力来从事传统的女红技艺的学习与制作。贫困山区生活的彝族妇女还会卖掉家中一些祖传的衣物和生活用品，而当她们把这些最原始、最质朴的手工艺品卖掉的时候，祖上积淀和传承下来的精湛手工技艺也随之慢慢消失。

笔者于 2016 年农历六月二十四彝族火把节期间在楚雄地区调研时发现，从事民族文化艺术事业的相关单位、博物馆在以往的工作中积累了大量的知识和资料。以楚雄州博物馆为例，该馆藏有楚雄彝族的典型服饰、刺绣品、纺织工具等实物，每年都有全国各地乃至世界各地的参观者慕名而来，这也使楚雄彝族服饰文化获得了外界一定程度的认知。火把节期间开展的系列活动，如祭火大典、彝族服饰展演等，都独具特色。但将楚雄彝族的服饰图案文化引入旅游开发这一点还基本处于缺失的状态。例如，火把节期间，在楚雄州的州府所在地楚雄市内极具人气的旅游景点彝人古镇和紫溪彝村，只有零星几家店铺在售卖具有彝族特色的工艺品和服饰、刺绣，其他店铺多是利用节日期间兜售一些日常商品，并没有一个集中的区域向各地游客展示楚雄彝族特有的文化艺术。如果游客想要深入了解楚雄彝族的服饰、刺绣、图案等传统文化，就必须深入到山区的彝族聚居地，因为对于楚雄彝族的各种习俗的源起、服饰图案的内涵，只有当地五六十岁的老人还在追忆着，遵循着，传统的手工技艺也多为四十岁以上的妇女所掌握。



## 8.2 关于楚雄彝族服饰图案文化传承的思考

在新的社会氛围中，面对文化的多样性选择，面对强势文化的包围，一些人对本民族古老文化艺术的信心也产生了动摇。文化具有一次性和不可再生性，一种文化消失就永远也不可能复活，保护和珍爱民族文化遗产是对人民创造的文化传统的一种尊重。在这一方面不乏先例，20 世纪 60 年代，法国和日本在现代化发展的高潮时期，不约而同地开展了民间文化遗产的国家性抢救工作。法国进行了文化史上最重要的一次文化遗产普查，大到教堂，小到汤匙都登记造册。日本也实施了由国家组织的民俗资料紧急调查，并颁布相关的法律法规，举办全国民俗艺能大会等。对民族文化遗产进行保护和整理，加强了人们对民族文化的认同和热爱，也极大地激发了人们的文化自尊和民族自信，这也是我们要学习的地方。中国目前处于一个巨大的社会转型期，民族文化必然受到外来文化的冲击，面对古老民族文化艺术可能出现的断层，我们必须采取措施进行保护。对于民族文化艺术的保护，我们应该坚持“尽可能不脱离本民族土壤”的原则。保护是相对的，发展是绝对的，我们不能以停滞和阻隔作为保护一个民族古老文化艺术的代价。思考楚雄彝族服饰的保护问题，是为了令其得到更好的传承，是为了这一古老艺术能够在民族土壤中焕发新的生机。

从宏观背景来看，我国的改革开放社会转型是由政府提倡促成的，因而社会发展具有自上而下的性质，在社会变化中政府起了中枢作用，同样，在对民族文化艺术进行保护的问题上，政府仍然起着主导作用。各级政府对民族文化艺术的重视、整体规划和相关政策的出台及资金的支持，都是保护工作能顺利进行的基础。特别是彝族居住区的各县乡级地方政府应该把保护和发展本地区的彝族文化艺术视为工作的重点，作为基层组织，县、乡、村政府拥有最佳的地理条件，可以深入到各个寨子，登门入户调研走访，进行民族文化遗产的细致普查，掌握一手资料，并可以以此为基础，有意识地组织恢复一些民俗活动，从而调动人们的积极性，使古老的艺术保持生命力。同时，也可以将楚雄彝族服饰的图案文化引入到民俗旅游开发中，提升楚雄地区的旅游文化价值，以楚雄彝族的特色吸引更多的游人，利用市场化的方式，将文化遗产转化成楚雄地区的经济效益，从而促进楚雄彝族服饰文化的保护与传承。

要将楚雄彝族的服饰图案文化引入旅游开发，首先要让楚雄本土的人们意识到楚雄彝族代代相传的艺术是极具特色的，具有现代文明不可替代的重要价值，加强人们对本民族文化艺术的理解和认同，提高学习、传承楚雄彝族服饰图案文化艺术的积极性。例如，可以通过学术交流、巡回展演等多种方式让人们认知、了解楚雄彝族服饰的图案文化。现代物质文明高度发达，各种机械产品充斥人们生活的各个角落，人们每天面对的都是缺少人情味和个性特征的产品。现代精神文化的发展，又使得人们的审美意识趋向多元化。人们在精神文化方面的需求日益强烈，开始追求能体现传统文化内涵、民族文化的情调和自然美的意境效果。而楚雄彝族服饰的图案文化洋溢着浓郁的生活气息，体现着强烈的民族特色，形成了工业生产所不能代替的独特的艺术风格。楚雄州地方政府可以在火把节期间举办一些设计比赛，将彝族的传统文化元素融入现代旅游产品设计，并将这些活动以互动的形式呈现出来。例如，可以让游客手绘明信片，亲手制作刺绣等，通过这种类型的互动，把楚雄彝族服饰的图案文化传承下去并发扬光大，使其产生现代感。从楚雄彝族服饰的图案文化中汲取灵感，可以使传统民族艺术产生新的活力。

# 第9章 楚雄彝族服饰图案的应用探析

楚雄彝族服饰图案古朴、自然的风格，以现代的审美眼光来看，是一种独特的时尚，我们如果将其文化精髓应用在现代设计中，必然使现代设计大放异彩。

## 9.1 楚雄彝族服饰图案的应用前景

随着中国经济的发展，国际交流与合作的加强，中国民族文化正被越来越多的国家接受，中国的民族元素成为很多国际设计师灵感的源泉，在世界时尚的大舞台上，曾一次又一次地刮起中国旋风。因此，中国民族服饰的图案文化也受到越来越多的关注。中国的民族图案正在以不同的艺术表现形式出现在世界设计大师的作品中，这些现代的作品加入了更多时尚设计的成分，更符合现代审美需求。

当然，中国也已经有一些设计师在探索将少数民族图案元素运用于现代设计中，也不乏一些成功的品牌案例。一些品牌服装的面料选用返璞归真的棉、麻织品，舒适，自然，与国内外多数品牌对化纤面料的频繁运用形成了鲜明的对照，在装饰风格上，古典浪漫的纹样图案和现代的几何图形结合运用，将传统文化与个性化的时尚精神融汇，以自己的方式阐释了中国民族特色的时代意义和价值。

目前，设计界流行一些话语，“民族的就是世界的”“有地方色彩的反而容易成为全球的”。这些话一语道出了现代设计艺术突出民族化、本土化特色，展示独特魅力的重要性。关于楚雄彝族服饰图案元素在现代设计中的应用，到目前为止基本上还少有相关的系统理论研究和设计实践。笔者认为，虽然每个民族其自身的传统服饰语言不同，但是这些少数民族服饰图案元素的设计应用方法都是相通的，我们完全可以借鉴国内外设计师应用民族服饰图案的成功案例，从而在现代设计中开发、运用楚雄彝族的服饰图案艺术。

后现代主义理论家罗伯特·斯特恩在《现代主义运动之后》中，将后现代主义归结为文脉主义、隐喻主义和装饰主义三种特征。“文脉”“隐喻”“装饰”构成了后现代主义的三大法宝，是设计师关注人性，实现个性化、多样化的主要手段。“文脉”注重运用历史传统脉络，借用民族地区性的典型样式，把它们当作一种符号、语言，通过非传统的手法，组合传统部件，融入自己的设计中，从而构成一种古今融合的新型美。后现代主义提倡的人文的、民族的精神无疑为民族服饰元素的应用提供了理论依据，为民族服饰图案的现代设计应用指明了方向。楚雄彝族的服饰图案文化是丰富多彩的，其造型规律、色彩应用等方面都极具特色，从这些绚丽夺目的图案元素中汲取灵感，正是后现代主义所提倡的文脉、人性、生态、回归等重要概念的体现。



## 9.2 楚雄彝族服饰图案的应用方法探讨

具体到如何应用，设计师的出发点不同，其利用的方式也是不一样的，我们可以将设计方法大致归纳为“形设计”与“意设计”。“形设计”，即能够在作品中看到彝族服饰图案元素的痕迹，民族色彩比较浓烈。但需要注意的是，“形设计”并不是对民族服饰图案的照搬，或者表面肤浅的、随便的拼贴或嫁接，而是提取图案的某些元素与现代设计融为一体。正如《艺术与视知觉》一书中所说，“整体不能通过部分相加的和来达到”，可以通过形态之间相互的组合关系，追求新的视觉可能性，寻找更多的创意，更重要的是从中发现美和生命力的有机构成。这种方法适合用于楚雄彝族文化旅游产品的设计及产品包装设计。“意设计”，即作品呈现的是彝族服饰图案的意蕴，但是形态上并不相似。这种设计方法适用于楚雄彝族地区的文化宣传设计、环境设计，以及现代服装设计，我们可以用“意设计”的方法达到民族化与时尚化的统一。因为对于大多数消费者而言，他们对于民族文化内涵的理解是模糊抽象、有限的，而对于民族服饰精美的图案纹样、独特的装饰手法所带来的审美体验却会留下深刻的印象。这种审美心理为楚雄彝族服饰图案文化的市场化提供了极大的发展空间。我们可以将彝族服饰图案中的部分构成形式或元素加以提炼并用现代消费者的审美观进行重新组合，成为具有彝族特色的现代设计。提炼的第一步是充分地理解图案的构成形式，我们通过分析这些传统图案的造型规律，来更加深入地理解传统图案的构成精髓，从而帮助我们在现代设计中合理应用这些元素。

## 9.3 楚雄彝族服饰图案的造型规律

### 9.3.1 单独纹样

单独纹样是指没有外轮廓限制，可以单独处理、自由运用的一种装饰纹样，每一个纹样都是一个独立的单元。楚雄彝族服饰图案在造型时，通常将单独纹样作为最基本形式，将它放置于帽顶、围腰、背被、鞋头等位置作为装饰。在布局上，通过对称和均衡这两种方式，使图案造型平衡稳定。

#### 1. 对称的单独纹样

这种纹样的特点是以中心轴或中心点为依据，使纹样左右、上下或四周形相同且量相等，这种图案结构严谨，构图稳定，整齐规则。按对称角度的不同，分为左右对称（图 9-1）、上下对称（图 9-2）、四周对称（图 9-3）三种形式。

图 9-1　左右对称的单独纹样

图 9-2　上下对称的单独纹样

图 9-3　四周对称的单独纹样

### 2. 均衡的单独纹样

这种纹样与对称纹样的区别在于它不受中心轴或中心点的限制，结构较为自由，构图风格多样，形态丰富，在造型的时候依然重视画面的平衡，通过平稳的重心使图案协调，如图 9-4 ～图 9-6 所示。

图 9-4　均衡的单独纹样 1

图 9-5　均衡的单独纹样 2

图 9-6　均衡的单独纹样 3

## 9.3.2　适合纹样

适合纹样是楚雄彝族服饰上最常见的一种图案组织形式，它的造型规律是将图案素材组织在一定的轮廓线以内，使纹样的结构和外轮廓线巧妙地结合在一起，形成独立的装饰图案。这种图案造型方式既能体现纹样的特点，又能使图案的外形完整；既能自成一体，又能与其他装饰图案相得益彰。楚雄彝族女装上的适合纹样可以分为填充纹样、角隅纹样和边饰纹样三种。

### 1. 填充纹样

这种图案组织形式是用一个或多个纹样填充限定的外轮廓，构图形式有均衡式（图 9-7）、放射式（图 9-8）、对称式（图 9-9）。

图 9-7　均衡式填充纹样

图 9-8　放射式填充纹样

图 9-9　对称式填充纹样

2. 角隅纹样

角隅纹样是楚雄彝族服饰图案的组织形式里很有特色的一种，主要用于装饰女装围腰的四角或是背被的四角，有写实型的纹样（图 9-10、图 9-11），也有抽象型的纹样（图 9-12、图 9-13）。

图 9-10　写实型的角隅纹样 1

图 9-11　写实型的角隅纹样 2

图 9-12　抽象型的角隅纹样 1

图 9-13　抽象型的角隅纹样 2

3. 边饰纹样

边饰纹样是指受一定外形边框制约的纹样，通常用一个单位纹样重复排列并首尾相接构成。楚雄彝族女装的头巾、围腰、背包和背被经常用这种图案来装饰。图 9-14 所示的是绣有边饰图案的彝族荷包，图 9-15、图 9-16 所示的是彝族背被上的边饰图案，图 9-17 所示的是绣有边饰图案的彝族围腰。

## 9.3.3 复合纹样

复合纹样的造型方法是用数个相同纹样的连接、反复或变形组合，形成有规律的图案，这种图案通常具有清晰的层次。楚雄彝族服饰图案中常用的复合纹样组织方式有二方连续纹样和四方连续纹样。

图 9-14 绣有边饰图案的彝族荷包

图 9-15 彝族背被上的边饰图案 1

图 9-16 彝族背被上的边饰图案 2

图 9-17 绣有边饰图案的彝族围腰

### 1. 二方连续纹样

楚雄彝族服饰的图案造型非常丰富，每一种造型的图案都有其特定的装饰部位。二方连续纹样的造型规律是以一个或几个单位纹样，在带状形平面上进行有规律的排列并连续循环，这种纹样经常作为线条形的装饰出现在彝族女装的头巾、衣襟、腰带、裤脚等部位，通常有五种排列方式：散点排列（图 9-18）、顺序排列（图 9-19）、颠倒排列（图 9-20）、正反排列（图 9-21）、一整二破式排列（图 9-22）。这些线条形的图案好比音乐的韵律和节奏，给楚雄彝族服饰更增添了几分魅力。

图 9-18　散点排列式二方连续纹样

图 9-19　顺序排列式二方连续纹样

图 9-20　颠倒排列式二方连续纹样

图 9-21　正反排列式二方连续纹样

图 9-22　一整二破式二方连续纹样

## 2. 四方连续纹样

四方连续是由一个纹样或几个纹样组成一个单位，向四周重复连续并延伸扩展而成的图案形式。这种纹样节奏均匀，韵律统一，整体感较强。楚雄彝族服饰上的四方连续纹样主要有散点式、连缀式和缠枝式三种组织方式。

散点式四方连续纹样是在单位空间内均衡放置一个或多个主要纹样，如图 9-23 所示。这种组织方式使纹样均匀整齐，有规则，为使图案不显得单调和呆板，有时也会将纹样的形态和方向作适当调整和变化。

图 9-23　散点式四方连续纹样

连缀式四方连续纹样是用一些可见或不可见的线条将单位纹样连接在一起，穿插排列，产生连绵不断的效果。图 9-24、图 9-25 所示的是楚雄彝族背被和背包上的几何连缀四方连续纹样，以几何形连接纹样，形成连续的框架，每个单位纹样可以单独作装饰，也可以与其他单位纹样组合，整体结构显得简洁大方，具有极强的装饰感和现代感。

图 9-24　几何连缀四方连续纹样 1

图 9-25　几何连缀四方连续纹样 2

缠枝式四方连续纹样是楚雄彝族服饰中最为常用的装饰纹样，通常用一个几何形的边框，将自然花卉的具象或抽象形态穿插组织在其中，并配以对比强烈的鲜明色彩，风格古朴自然，耐人寻味，是彝族妇女细腻含蓄的情感表达。图 9-26 ～图 9-29 所示的是楚雄彝族女装围腰和背包上的缠枝式四方连续纹样。

图 9-26　缠枝式四方连续纹样 1

图 9-27　缠枝式四方连续纹样 2

图 9-28　缠枝式四方连续纹样 3

图 9-29　缠枝式四方连续纹样 4

### 9.3.4 组合纹样

组合纹样是将几种不同的纹样组合到同一个构图中，使之形成内容丰富的装饰图案（图 9-30）。与其他形式相比，这种图案组织形式使构图更加饱满，画面感更强，内容也更丰富，而且更能表达一些特殊图案的寓意。图 9-31 所示的是楚雄彝族背包上的图案，这块图案中心位置是花朵和叶片，上半部分又组合了小鸟和蝴蝶的形态，飞舞的蝴蝶使画面充满了生机，一组动态形象和一组静态形象布局合理，对比强烈，洋溢着浓浓的生活气息。

图 9-30 组合纹样装饰图案

图 9-31 楚雄彝族背包上的组合纹样装饰图案

楚雄彝族服饰图案是最具民族感的符号，其魅力不在于苏绣那样的精密细致或是龙凤呈祥的豪华气派，而是古朴、稚拙，具有一种不加雕琢的原始韵味。这种天然淳朴的图案运用在现代设计中，会给人以返璞归真的独特感受。在现代设计应用中，我们可以从图案的造型、色彩、构成等方面入手，将图案变形、解构、重构。图案的变形，最主要的方法就是简化归纳，将复杂烦琐的图案形象经过简化归纳等手法的处理，由繁入简，使之成为简洁明快的、全新的图案形象。当然，在具体的设计应用中，应该结合设计背景、设计理念，把流行的设计手法融汇进去，使设计作品符合时代需求和市场需求。

# 参考文献

樊绰 . 1985. 蛮书 [M]. 赵吕甫，校释 . 北京：中国社会科学出版社 .

欧阳修，宋祁 . 1975. 新唐书·南蛮传 [M]. 北京：中华书局 .

彝族简史编写组 . 1987. 彝族简史 [M]. 昆明：云南人民出版社 .

缪良云 . 2000. 中国衣经 [M]. 上海：上海文艺出版社 .

钟仕民，周文林 . 2006. 中国彝族服饰 [M]. 昆明：云南美术出版社 .

钟茂兰，范朴 . 2006. 中国少数民族服饰 [M]. 北京：中国纺织出版社 .

邓启耀 . 2005. 衣装秘语·中国民族服饰文化象征 [M]. 成都：四川人民出版社 .

杨辛，甘霖 . 2010. 美学原理 [M]. 北京：北京大学出版社 .

李泽厚 . 2001. 华夏美学 [M]. 天津：天津社会科学院出版社 .

云南日报报业集团书刊编辑部 . 2011. 中国云南彝族 [M]. 昆明：云南民族出版社 .

张瑛 . 2005. 西南彝族服饰文化历史地理 [M]. 北京：民族出版社 .

鲁道夫·阿恩海姆 . 2008. 艺术与视知觉 [M]. 长沙：湖南美术出版社 .

贺泓 . 2013. 彝族绣品的美学思考 [D]. 四川师范大学硕士学位论文 .

申琳 . 2008. 楚雄彝族服饰图案研究与现代运用探讨 [D]. 昆明理

工大学硕士学位论文 .
陈亮 . 2008. 云南楚雄彝族服饰图案艺术研究 [D]. 昆明理工大学硕士学位论文 .
邓军文 . 2009. 彝族服饰图案元素在现在服装设计中的应用研究 [D]. 东华大学硕士学位论文 .
叶巨澜 . 2016. 浅论楚雄彝族服饰图案元素在现代设计中的应用 [J]. 艺术科技, 29(4): 144-145.
刘爱丽 . 2008. 楚雄彝族服饰研究及其设计应用 [D]. 北京服装学院硕士学位论文 .
李正周 . 2015. 楚雄彝族传统服饰的开发对策研究 [J]. 设计 , 2: 128-129.
刘茜 , 李纶 . 2009. 彝族服饰图案仿生艺术语言 [J]. 艺术探索 , 23(1): 49, 51, 166.
常丽霞 , 高卫东 . 2009. 鱼形图案在我国民族服饰中的文化寓意 [J]. 纺织学报 , 30(9): 106-108.
官泓 . 2007. 楚雄彝族服饰人文色彩研究 [D]. 昆明理工大学硕士学位论文 .
武光丽 . 2007. 彝族服饰图案艺术研究 [D]. 昆明理工大学硕士学位论文 .
把红梅 . 2013. 彝族服饰纹样研究 [J]. 美术大观 , 9: 64-65.
赵惠 , 陈雪红 , 黄艳萍 . 2012. 论楚雄彝族“左脚舞”的起源与发展 [J]. 科技信息 , 29: 52, 253.
黄龙光 . 2012. 历史记忆与女性叙事——以彝族妇女围腰传说为例 [J]. 民间文化论坛 , 6: 46-51.
龙飞 . 2012. 彝族色彩的解析与应用 [D]. 重庆大学硕士学位论文 .